Hermann A. Schlögl

NOFRETETE

Die Wahrheit über die
schöne Königin

Verlag C.H.Beck

Für Gert Rabanus
in Freundschaft

Mit 33 Abbildungen, 2 Plänen und 1 Stammbaum

Originalausgabe
© Verlag C.H.Beck oHG, München 2012
Satz: Fotosatz Amann, Aichstetten
Druck und Bindung: Druckerei C.H.Beck, Nördlingen
Umschlaggestaltung: Verlag C.H.Beck
Reihengestaltung: Uwe Göbel, München
Umschlagabbildung: © bpk/Ägyptisches Museum und
Papyrussammlung, SMB/Max Galli
Printed in Germany
ISBN 978 3 406 63725 4
www.beck.de

Inhalt

Anhang

Einführung: Nofretete wird entdeckt

Jeder Fortschritt ist ein Wagnis

Nofretete, Ikone eines zeitlos schönen Frauenbildes, Große Königsgemahlin des rätselhaften Pharaos Amenophis IV.-Echnaton: Sie vermittelt den Zauber von Anmut und Noblesse, sie besitzt die Ausstrahlung einer überragenden Persönlichkeit. Ihr Leben und ihr Wirken sind geheimnisumwittert, ein wundersamer Stoff für Träume! «Wir können in der Finsternis durch Forderungen und Einbildungskraft uns die hellsten Bilder hervorrufen. Im Traum erscheinen uns die Gegenstände wie am vollen Tage», schreibt Johann Wolfgang von Goethe im *Entwurf einer Farbenlehre*.

Oft wurde die von Echnaton und Nofretete geprägte Epoche des solaren Monotheismus als Höhepunkt der ägyptischen Religion überhaupt aufgefasst, so besonders in der ersten Hälfte des 20. Jahrhunderts, aber auch in unserer Zeit. Der Grund dafür liegt vielleicht darin, dass die sogenannte Amarna-Zeit unseren modernen Ansichten und Empfindungen am nächsten kommt. Man muss den Vorhang der Geschichte, der uns diese Epoche verbirgt, etwas anheben, um einen Blick auf die Menschen jener Jahrzehnte werfen zu können.

Seit Beginn der wissenschaftlichen Ägyptologie bilden archäologische und textliche Quellen die Grundlagen für jede Interpretation, ihnen muss der Forscher noch heute verpflichtet sein. Erst im 20. Jahrhundert kamen naturwissenschaftliche Betrachtungsweisen hinzu, und zwar zunächst auf der Basis biologischer Daten, die durch Röntgen-Untersuchungen und vergleichende biometrische Messungen von Mumien erhoben wurden.

In jüngster Zeit erlebte die ägyptologische Forschung einen ungeahnten Fortschritt mit Hilfe humangenetischer Untersuchungen, die überraschende Ergebnisse brachten und Anlass zu neuen Schlussfolgerungen geben. Schon in den Jahren 2007 bis 2009 gelangte ein internationales Team zu grundlegenden Erkenntnissen, die aufgrund der rasanten technischen Entwicklung immer wieder verfeinert und verbessert werden können. Manche Zusammenhänge, die früher nur vermutet werden konnten, haben sich geklärt, größere Irrtümer sind zu kleineren geworden. Aber der historischen Wahrheit nahe zu kommen, wird auch weiterhin ein Problem bleiben.

Ungeachtet der Tatsache, dass Echnaton und Nofretete eine in ihrer historischen Wirkung schwer zu trennende Einheit bilden, soll der Fokus dieses Buches auf die Königin gerichtet sein, war sie doch keine Legende, sondern eine in der ägyptischen Welt herausragende weibliche Gestalt. Sie wurde zur Göttin erhoben, fuhr aber fort, ein Mensch zu sein, zu leiden, Wünsche zu haben, und bedurfte auch des Mitgefühls. Die übersetzten Texte, die hier vorgestellt und zur Interpretation benutzt werden, sind vorwiegend auf die Königin ausgerichtet. Auch wenn sie für unser Verständnis häufig standardisiert klingen, haben sie doch eine Aussagekraft.

Da die Hieroglyphenschrift ohne Vokale auskommt, ist die Wiedergabe von ägyptischen Eigennamen immer problematisch. Doch aus dem Vergleich mit schriftlicher diplomatischer Hinterlassenschaft jener Zeit wissen wir heute genau, wie die Namen «Nofretete» und «Echnaton» ausgesprochen wurden, nämlich «Nafteta» und «Achanjati». Streng genommen müsste deshalb der Titel des Buches «Nafteta» heißen. Aber wer verbindet schon den Personennamen «Nafteta» mit der ägyptischen Königin «Nofretete» (oder «Nefertiti»), wie sie unter falscher Lautbildung weltbekannt ist? Aus diesem Grund erhält die übliche Benennung hier den Vorzug.

Zusätzlich zu den zahlreichen schriftlichen Zeugnissen werden vor allem archäologische Dokumente ausgewertet, die trotz mancher Zerstörungsversuche in der Restaurationszeit noch zahlreich vorhanden sind. Dazu kommen die kürzlich durchgeführten genetischen Untersuchungen der königlichen Mumien der späten 18. Dynastie, die neue Erkenntnisse geliefert haben.

Die Schöne aus dem Wüstensand

Die Ruinen von Tell el-Amarna, dem Ort, an dem sich einst die alte Residenzstadt Achetaton (= Horizont des Aton) des Königs Amenophis IV.-Echnaton und seiner Gemahlin Nofretete befand, liegen auf der Ostseite des Nils in einer halbkreisförmigen Ebene, die vom östlichen Gebirge umrahmt wird. Im Jahre 1907 ging die Grabungskonzession für die antike Stadt von den Engländern auf die Deutsche Orientgesellschaft über.

Allerdings konnten die Grabungen unter Leitung des deutschen Architekten und Ägyptologen Ludwig Borchardt (1863–1938) und seines Kollegen Hermann Ranke (1878–1953) erst vier Jahre später beginnen, da für das aufwendige Vorhaben zunächst Geldgeber gesucht werden mussten. Ein solcher Mäzen fand sich schließlich in der Person des Berliner preußisch-jüdischen Baumwollfabrikanten James Simon (1851–1932), der schon die Grabungen von Abusir unterstützt hatte und jetzt diese Kampagnen in vollem Umfang auf eigene Rechnung finanzierte. Zwar wurde die archäologische Expedition offiziell durch die Deutsche Orientgesellschaft, tatsächlich jedoch in seinem Namen ausgeführt.

Simons Liebe zu den antiken Kulturen und zur bildenden Kunst war schon während seiner Schulzeit im Berliner Elitegymnasium «Graues Kloster» entbrannt, einer Lehranstalt, die auch Bismarck besucht hatte. Da Simons Eltern ihn aber dringend als Nachfolger der Familie in der im Jahr 1852 gegründeten Textilfirma «Gebrüder Simon» brauchten, rieten sie ihm von einer wissenschaftlichen Laufbahn ab, und er folgte schließlich ihren Wünschen. In Deutschland und England erlernte er den Kaufmannsberuf von Grund auf und wirkte dann ab 1890 in Berlin als Unternehmer und zweiter Gesellschafter neben seinem Onkel. Dabei führte er das Geschäft derart erfolgreich – es erlangte überregionale, ja europäische Bedeutung –, dass er im Jahre 1911 an sechster Stelle der Berliner Jahreseinkommensliste geführt wurde. Doch seine gemeinnützige Anteilnahme und sein soziales Gewissen stellte er immer an vorderste Stelle und machte sie zum Schwerpunkt einer persönlichen Verpflichtung und Verantwortung. Seine frühe Leidenschaft für die schönen Künste hatte er indes nie verloren. Im Jahr 1901 sagte James Simon: «Schließlich ist unsere Absicht doch, das Interesse an alter Kunst und alter Wissenschaft in immer weitere Kreise zu tragen.» Und nach diesem Grundsatz handelte er. Mit der Unterstützung von Grabungen und einer emsigen Tätigkeit als Sammler hochkarätiger Stücke setzte er seine Worte in die Tat um.

Dies erklärt auch seine Bereitschaft, die Grabungen in Tell el-Amarna ohne Unterstützung weiterer Mäzene zu finanzieren. Bereits vor dem Beginn der Arbeiten wurde in Verhandlungen eine spätere Zweiteilung der Funde festgelegt, wobei eine Hälfte dem Berliner Geldgeber, die andere Hälfte aber dem ägyptischen Staat, also letztlich dem Ägyptischen Museum in Kairo, gehören sollte.

Daraufhin begann schließlich im Jahre 1911 die Grabungskampagne in Tell el-Amarna. Die ersten beiden Abschnitte verliefen ohne spektakuläre Höhepunkte, doch das sollte sich im Dezember 1912 gründlich ändern. Während der archäologischen Arbeit in der antiken Südstadt von Achetaton, welche einst vorwiegend von den Reichen jener Zeit bewohnt worden war, stießen Borchardt und seine Mitarbeiter auf ein weitläufiges Gehöft, das durch Mauern in mehrere einzelne Höfe unterteilt war. Heute wissen wir, dass dieses Gehöft (Haus P 47, 1–3) aus drei Wohnhäusern bestand, die dem «Vorsteher der Bildhauer», Thutmosis, gehört hatten und auf einem Grundstück von 45 Metern Breite und 54 Metern Länge erbaut worden waren. Im prächtigen Haupthaus mit einer Wohnfläche von 300 Quadratmetern wohnte der Bildhauer selbst, in einem weiteren Bau (150 m²) sein Oberaufseher, während die Gesellen und Lehrlinge im bescheidenen dritten Trakt (83 m²) lebten. So bietet die Anlage auf engstem Raum auch einen eindrucksvollen Spiegel der damaligen sozialen Verhältnisse. Außerhalb der

Wohngebäude auf dem von kleineren Mauern unterteilten Gelände befanden sich schließlich die überdachten Werkstätten, die Getreidespeicher, zwei Brunnen sowie einige Bäume. Etwa 34 bis 50 Menschen arbeiteten für den Bildhauer. Dies alles war den Ausgräbern unbekannt, als am 6. Dezember 1912 in einer Kammer neben dem Empfangsraum des Haupthauses die berühmte Büste der Nofretete, der «bunten Königin», wie sie von den Ausgräbern bezeichnet wurde, zusammen mit Gipsabgüssen, Modellen und Bildwerken gefunden wurde. Ludwig Borchardt schrieb über diese Sternstunde der Archäologie in sein Grabungstagebuch:

Als ich am 6. Dezember 1912 bald nach der Mittagspause durch einen Zettel des gerade Aufsicht führenden Prof. Ranke eiligst nach Haus P 47,2 gerufen worden war, fand ich schon in dem Raum 19, dicht hinter der Tür bereits die soeben zum Vorschein gekommenen Bruchstücke einer lebensgroßen Büste Amenophis' IV. vor. Gleich darauf, in nächster Nähe, etwas weiter in den Raum hinein gefundene, äußerst zierliche und leicht verletzbare Stücke ließen es angezeigt erscheinen, sogleich einen der umsichtigsten Arbeiter, unseren ersten Vorarbeiter Mohammed Ahmed es-Senussi, hier allein arbeiten zu lassen und aus nächster Nähe anzuweisen, gleichzeitig aber einen der jüngeren Herren mit der schriftlichen Aufnahme des Fortgangs der Arbeit zu beauftragen. Indem wir uns durch den nur 1,10 m hochliegenden Schutt allmählich gegen die Ostwand von Raum 19 vorarbeiteten, kamen weitere Stücke von hohem Kunstwert hinzu, die hier nicht einzeln erwähnt zu werden brauchen. Dann wurde wenig vor der Ostwand – 0,20 m davon, 0,35 m von der Nordwand – etwa in Kniehöhe vor uns zunächst nur ein fleischfarbener Nacken mit aufgemalten roten Bändern bloß. «Lebensgroße Büste der Königin» wurde angesagt und niedergeschrieben, die Hacke beiseite gelegt und mit den Händen behutsam weitergearbeitet. Die nächsten Minuten bestätigten das Angesagte, über dem Nacken kam der untere Teil der Büste, unter ihm die Hinterseite der Königinnenperücke zum Vorschein. Bis das neue Stück ganz vom Schutte befreit war, dauerte es allerdings noch einige Zeit, da zunächst ein nördlich dicht anliegender Porträtkopf des Königs vorsichtig geborgen werden musste. Dann wurde die bunte Büste erst herausgehoben, und wir hatten das lebensvollste ägyptische Kunstwerk in Händen. Es war fast vollstän-

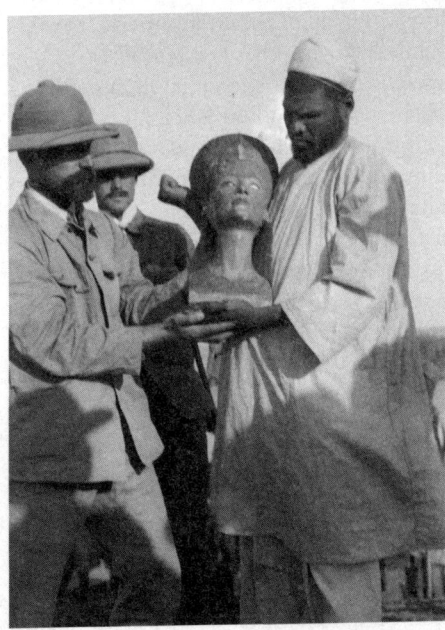

1   Der ägyptische
Vorarbeiter übergibt
Hermann Ranke am
6. Dezember 1912 die
soeben entdeckte Büste
der Nofretete. In der
Mitte Paul Hollander, ein
weiteres Mitglied des
Grabungsteams.

dig, nur die Ohren waren bestoßen und im linken Auge fehlte die
Einlage. Der Schutt, auch der schon hinausgeschaffte, wurde sogleich
durchsucht, zum Teil gesiebt. Es fanden sich noch einige Bruchstücke
der Ohren, die Augeneinlage nicht. Erst viel später sah ich, dass sie
nie vorhanden gewesen ist.

Und in das Grabungsprotokoll vom 6. Dezember trug Borchardt
lakonisch ein: »Beschreiben nützt nichts, ansehen.«

Nach Beendigung der Ausgrabungen wurde am 20. Januar
1913 die zuvor vereinbarte Zweiteilung der archäologischen
Funde vorgenommen. Diese Aufgabe übernahm, wie es im
Lande bis zum Jahre 1914 üblich war, jeweils der Ausgräber,
also in diesem Fall Ludwig Borchardt. In dem einen der beiden
Teile, die er zusammenstellte, befand sich ein wunderbar erhal-
tener farbiger Klappaltar (H. 43 cm, B. 39 cm), der in einer fa-
miliären Genreszene Echnaton und Nofretete unter der Strah-

2 Der Berliner Unternehmer James Simon (1851–1932) war einer der bedeutendsten Kunstmäzene seiner Zeit. Er finanzierte die Grabungen von Ludwig Borchardt und schenkte den Berliner Museen einen großen Teil seiner Bestände, darunter die Büste der Nofretete. Fotografie, um 1914

lensonne zeigt, dazu ihre Töchter Meritaton, Maketaton und Anchesenpaaton. Der andere Teil enthielt die Büste Nofretetes, der «bunten Königin». Der französische Ägyptologe Gaston Maspero (1846–1916), Direktor des von den Franzosen einst gegründeten Ägyptischen Museums, beauftragte daraufhin den Inspektor des ägyptischen Antikendienstes für Mittelägypten (Dienstsitz: Assiut), Gustave Lefebvre (1879–1957), die Fundauswahl vorzunehmen. Wie aus ihren Tagebüchern bekannt ist, rechneten die Ausgräber zu diesem Zeitpunkt nicht damit, dass die «bunte Königin» nach Berlin kommen könnte. Doch am 20. Januar 1913 entschied sich Lefebvre, der wusste, dass Maspero für das Museum in Kairo dringend einen Altar wünschte, für die Fundhälfte mit dem in der Tat herrlichen Klappaltar. Noch heute ist dieser im Ägyptischen Museum in Kairo zu bewundern. Die Büste der Nofretete aber ging mit anderen Funden nach Berlin. Vertragsgemäß wurde der Geldgeber

der Ausgrabung, James Simon, zu ihrem rechtmäßigen Eigentümer.

James Simon war ein Weltbürger, Mäzen und Wohltäter von
bewundernswerter Großzügigkeit. Er hatte den Berliner Museen bereits zahlreiche und sehr bedeutende ägyptische und vor-
derasiatische Kunstwerke geschenkt, aber auch viele europäische Skulpturen, außerdem etwa 800 Gemälde, darunter solche
von Francesco di Vannucio, Antoniazzo Romano, Andrea Man-
tegna, Giovanni Bellini, Agnolo Bronzino, Francesco Albani,
Filippino Lippi, Gustave Courbet, schließlich eine Fülle wert-
voller Handschriften, Medaillen, Zeichnungen und Kupferstic-
che. Seine Schenkungen hatten also einen fast unvorstellbaren
Wert, ohne dass James Simon je eine Gegenleistung erwartet
hätte. Der Kunstschriftsteller Max Osborn (1870–1946) schrieb
im Jahre 1929 in *Berlins Aufstieg zur Weltstadt* über ihn:

> James Simon scheint mir der gesteigerte Typus des «patriotischen
> Kaufmanns», wie ihn Gotzkowsky (Johann Ernst Gotzkowsky,
> 1710–1775) aus den Tagen Friedrichs des Großen darstellt. Er war
> der erste, dem Bode (Wilhelm von Bode, 1845–1929, Kunsthistori-
> ker) nachrühmen durfte, dass er unter seiner Leitung systematisch zu
> sammeln begann, mit großem Verständnis und feinstem Gefühl für
> die alte Kunst und immer darauf bedacht, die Materie zu studieren,
> um die er sich mühte.

Schon die früheren Schenkungen von James Simon waren Mei-
lensteine in der Kulturgeschichte Berlins gewesen und zeigten
sein einmaliges Engagement für Preußen. Den Höhepunkt seiner Verbundenheit mit seiner Heimatstadt bildete aber sicher
die Schenkung der Nofretete-Büste, die er zuerst als Leihgabe,
dann ab 1920 zusammen mit allen anderen Amarna-Funden für
immer dem Ägyptischen Museum Berlin überließ. Obgleich
James Simon heute, vielleicht aufgrund seiner zurückhaltenden
und bescheidenen Art, fast vergessen und nur wenigen Fachleu-
ten bekannt ist, hat er den Museen in Berlin doch mehr Kost-
barkeiten übergeben als einst Heinrich Schliemann (1822–
1890), dessen Andenken in allgemeiner Erinnerung ist.

Nach dem Ersten Weltkrieg fühlten sich die französischen

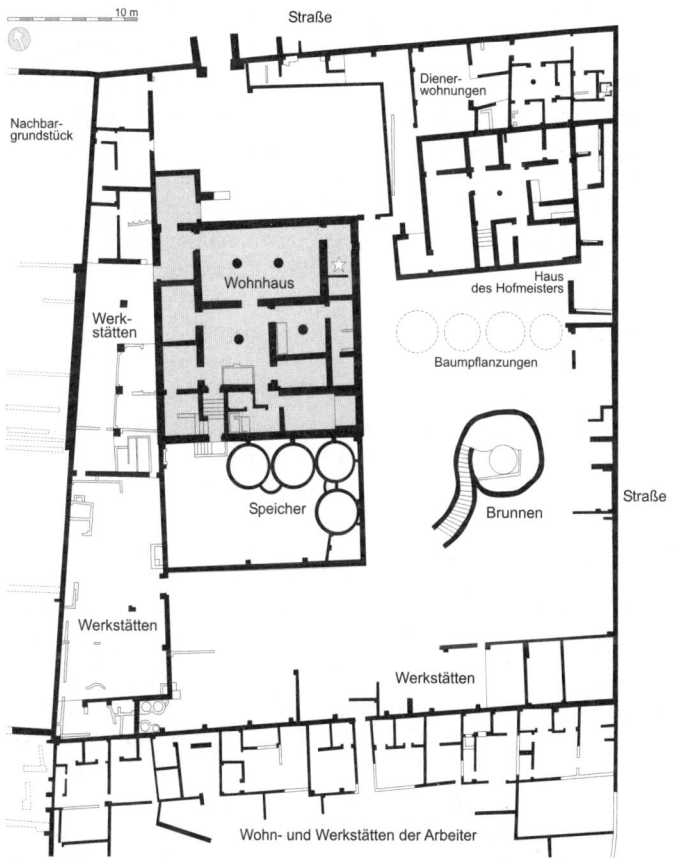

3   Die Gesamtanlage des Gehöfts des Bildhauers Thutmosis. Der Stern markiert die Stelle im Wohnhaus, an der im Dezember 1912 die Büste der Nofretete gefunden wurde.

Ägyptologen von Ludwig Borchardt betrogen und verlangten die Rückgabe der Büste an Kairo. Daraufhin kam es zu einer erregten diplomatischen Auseinandersetzung, aus deren Briefwechsel sich vor allem Einblicke in die tief verwurzelte deutsch-französische Feindschaft dieser Zeit ergeben. Zu Beginn der dreißiger Jahre war Deutschland sogar bereit, einem Tausch gegen andere wertvolle ägyptische Kunstwerke, meist im Kairener Museum doppelt vorhandene Objekte, zuzustimmen. Der schöne Klappaltar allerdings sollte nicht in den Übergabevorgang eingeschlossen sein. Selbst der Stifter, James Simon, hatte schließlich keine Einwände dagegen, die Büste der Nofretete aus dem Berliner Museum nach Kairo zu geben. Der Termin einer Rückgabe (9. Oktober 1933) stand schon fest, die inzwischen errichtete nationalsozialistische Regierung jedoch verbot aus politischen Gründen diesen Tausch. Die völlig einwandfreie und legale Teilung vom 20. Januar 1913 wurde nicht mehr rückgängig gemacht.

Die 48 Zentimeter große farbige Kalksteinbüste der Nofretete muss als eines der prominentesten Rundbilder im Kunstschaffen der Menschheit angesehen werden. Ihre Schönheit ist vollkommen und zeitlos und zieht die Menschen auch heute noch in ihren Bann. Schon bald nach der Auffindung stellte man fest, dass die Büste niemals zur Postierung im Tempel oder im Palast bestimmt gewesen war, sondern als Lehrstück diente: Der Bildhauer Thutmosis hatte sie als Muster für andere Porträts der Königin geschaffen. Zum Wesen eines Werkstattmusters gehörte es, dass es in der Regel nicht vollständig ausgeführt war. So war es dem Bildhauer möglich, durch nicht fertige Details oder durch noch erkennbare Vorzeichnungen den Herstellungsweg leichter verfolgen zu können. Bei dem Nofretete-Porträt ist deshalb nur das rechte Auge ausgeführt: Eine schwarze Wachsschicht wurde auf den aus Kalkstein herausgearbeiteten Untergrund aufgetragen und darüber eine Bergkristallschale als Augeneinlage befestigt. Am nicht fertiggestellten linken Auge konnte der Bildhauer, der die Büste als Vorlage benutzte, deutlich erkennen, wie weit er den Augenuntergrund aus dem Stein herausarbeiten musste. Die Faszination, die von diesem Werk ausgeht, liegt in der künstlerischen Beherrschung des Gesamtaufbaus und im fast perfekten Erhaltungszustand: Das sensible, kühl ebenmäßige Gesicht und die wuchtige blaue Krone auf dem Haupt stehen in einem Spannungsverhältnis zum schlanken Hals und zum schmalen Büstensockel. Die Hauptlinien der Skulptur vereinigen sich im Antlitz der Königin. In klassischer Weise demonstriert dieses Meisterwerk, dass es seine Gesetze selbst bestimmt und damit die Zeit beherrscht.

Als Rainer Maria Rilke Fotos der Nofretete-Büste zugeschickt bekam, schrieb er: «Diese herrliche Königin, die ich gestern erhielt, ein bezauberndes Beispiel der erblühten Schönheit jener rätselhaften kurzen Epoche! Es ist ein Bildnis der Königin Neferete, der Gemahlin des berühmten IVten Amenophis: von demselben Erblüht- ja fast Erfruchtet-Sein wie die köstlichen Büsten des Königs.»

Seit der Wiedereröffnung des Ägyptischen Museums im Neuen Museum Berlin am 16. Oktober 2009 hat die Büste ihren würdigen und beherrschenden Ausstellungsplatz in der Nordkuppel des neuen Hauses gefunden.

I. Abstammungslinien

Der unaufhaltsame Aufstieg einer Familie

Der Großvater Echnatons, der Pharao Thutmosis IV. (1397–1388 v. Chr.), nahm eine Nebenfrau mit dem Namen Mutemuia in seinen Harem auf, die offenbar nicht aus königlicher Familie stammte. So führte sie nie den sonst üblichen Titel einer «Königstochter». Sie schenkte ihrem Gemahl einen männlichen Erben, den Thronfolger und späteren Pharao Amenophis III. Nach dem frühen Tod von Thutmosis IV., der nur wenig über dreißig Jahre alt wurde, bestieg Amenophis III. im jugendlichen Alter von erst zwölf Jahren den Thron. Zunächst wirkte seine Mutter als Regentin und führte das Land während der ersten Regierungsjahre an seiner Stelle. Im Grab des Prinzenerziehers Hekareschu (T(heban)T(ombs) 226) ist sie dargestellt, wie sie hinter ihrem Sohn steht und ihm dabei die Hand auf die Schulter legt. Das Bild hat eine klare Aussage: Mutemuia ist die Regentin des Staates. Eine neben ihrer Gestalt beigefügte Inschrift lautet: «Königsmutter Mutemuia, sie lebe!», während die

Beischrift für Amenophis III. in traditioneller Weise mit seinen beiden in einen Königsring eingeschriebenen Namen lautet: «Der vollkommene Gott, Herr der Riten Nebmaatre, Amenophis, Herrscher von Theben, dem Leben wie Re gegeben werde.»

Die Beziehung zwischen Mutemuia und ihrem Sohn scheint sehr eng gewesen zu sein. Das zeigt sich auch darin, dass der König zur Glorifizierung seiner Mutter im Luxor-Tempel die Legende seiner wunderbaren Geburt in Relief darstellen ließ: Der Gott Amun selbst erscheint in der Gestalt von König Thutmosis IV. vor der Königin Mutemuia, die ihn natürlich nicht erkennt. Sie spricht zu ihm: «O, wie groß ist deine Macht, o, wie herrlich ist das alles, was du gemacht hast, wie andauernd sind deine Ratschlüsse.» Und nach weiteren Lobpreisungen fährt der Text fort: «Dann machte die Majestät alles das, was er mit ihr wollte.» Der Gott selbst also zeugt mit Mutemuia den königlichen Sohn Amenophis III. Damit erhebt dieser nicht nur sich selbst, sondern auch seine Mutter in eine überirdische Sphäre.

Über die eigentliche Herkunft von Mutemuia ist allerdings nichts bekannt. Die Denkmäler, auf denen sie erwähnt wird und die alle aus der Regierungszeit Amenophis' III. stammen, nennen die ihr von ihrem Sohn verliehenen Titel «Königsmutter», «Große Königsgemahlin» und «Gottesmutter», doch fehlen jegliche Angaben über ihre Abstammung. Sie starb in der letzten Regierungsphase ihres Sohnes, ihr Grab wurde bis heute nicht gefunden. Vielleicht ruht sie im Tal der Königinnen und wartet noch auf ihre Wiederentdeckung.

Das Herrscherhaus, aus dem Amenophis III. stammte, war die berühmte 18. Dynastie, die seit mehr als 150 Jahren über das Nilland gebot. Die acht Vorgänger hatten Ägypten zu einer Weltmacht der damaligen Zeit aufsteigen lassen, die sich vom 4. Nilkatarakt bis zum Euphrat ausdehnte. So war das Fürstentum Kusch (heute Sudan) annektiert und dort eine straffe Verwaltung unter einem jeweils vom Pharao berufenen Vizekönig eingerichtet worden. Mit seinen Steinbrüchen und Goldminen war dieses Gebiet für den wirtschaftlichen Aufschwung der Epoche von entscheidender Bedeutung.

Weniger straff gegliedert waren die Vasallenstaaten in dem

4   Reliefdarstellung
König Amenophis' III. im
Luxor-Tempel

ebenfalls von Ägypten kontrollierten Gebiet im heutigen Syrien und in Palästina, wo eine endgültige Sicherung der Macht durch das nördlich angrenzende Mitanni-Reich verhindert wurde. Die militärischen Auseinandersetzungen, die hier stattfanden, wurden erst beendet, als noch zur Zeit Thutmosis' IV. die Hethiter, welche ein Großreich auf dem Gebiet der heutigen Türkei errichtet hatten, von Norden her angriffen und Mitanni auf diese Weise zwischen die Fronten geriet. Es nahm Friedensverhandlungen mit Ägypten auf, die schließlich durch die Heirat Thutmosis' IV. mit einer mitannischen Prinzessin besiegelt wurden. Diese diplomatische Heiratspolitik setzte übrigens der junge Amenophis III. fort, indem er die mitannische Prinzessin Giluchepa, Tochter des Königs Schutarna, in seinen Harem aufnahm.

Zu seiner Großen Königsgemahlin aber erhob Amenophis III.,

dabei vollkommen aus dem traditionellen Rahmen fallend, Teje, die bürgerliche Tochter eines «Rindervorstehers» und «Propheten des Gottes Min» namens Juja und dessen Frau Tuja. Diese Familie stammte, wie man an den Titeln des Juja erkennen kann, aus der mittelägyptischen Stadt Achmim, der Stadt des Gottes. Min. Die Verbindung war schon deshalb völlig ungewöhnlich, ja sensationell, weil für den Titel einer Großen Königsgemahlin bis dahin nur Prinzessinnen von königlichem Geblüt in Frage gekommen waren. Man darf deshalb wohl davon ausgehen, dass der noch junge König eine solche Entscheidung niemals ohne das Einverständnis seiner Mutter hätte treffen können, dass diese vielleicht die Entscheidung sogar beeinflusste. So stellt sich die Frage, welcher Art die Beziehungen zwischen Mutemuia und Tejes Familie waren, ob nicht vielleicht sogar verwandtschaftliche Bindungen bestanden. Es ist ja denkbar, dass Mutemuia ebenfalls aus Achmim stammte und möglicherweise eine Schwester des Juja war, wie es die Ägyptologen Cyril Aldred und Edward F. Wente annehmen. Erstaunlich bleibt in jedem Fall, dass diese bürgerliche Familie aus der Provinz durch die Heirat der Teje mit Amenophis III. schließlich bis an die Palastspitze aufsteigen konnte, eine Entwicklung, die ohne die enge Verbindung zu einer derart hochgestellten Persönlichkeit, wie die Königsmutter Mutemuia es war, unmöglich gewesen wäre.

Denn nachdem Amenophis III. die bürgerliche Teje zu seiner Großen Königsgemahlin erhoben hatte, gewannen weitere Mitglieder der Familie an Bedeutung. So erhielt Juja als Schwiegervater des Königs einige Ehrentitel, darunter den eines «Gottesvaters», der ihn hier als Schwiegervater des Königs ausweist und nicht mit dem gleichlautenden Priestertitel verwechselt werden darf. Auch Tejes Bruder Aanen und dessen späterer Schwager Aja erlangten hohe Positionen und wichtige Funktionen am königlichen Hof.

Die Große Königsgemahlin Teje wurde die Mutter des Kronprinzen Thutmosis und seines Bruders Amenophis und schenkte außerdem den fünf Prinzessinnen Satamun, Isis, Henutaneb, Nebetiah sowie Baketaton das Leben. Unter Amenophis III. kam die Sitte auf, gewisse Ereignisse, die z. B. Jagd- und Haremsangelegenheiten betrafen, auf der Unterseite von Skarabäen zu verewigen. Diese Gedächtnisskarabäen sind in fünf verschiedenen Serien überliefert und wurden anlässlich der Hochzeit mit Teje zum ersten Mal ediert. Es heißt dort: «Die Große Königsgemahlin Teje, sie lebe! Der Name ihres Vaters ist Juja, und der Name ihrer Mutter lautet Tuja. Sie ist die Gemahlin des starken Königs, dessen südliche Grenzen bis Krj (Gebiet im heutigen Sudan), dessen nördliche bis Naharina (Gebiet in Syrien) reicht.» Teje erwies sich als eine bedeutende und starke Persönlichkeit, die über die traditionelle Rolle einer Königin hinauswuchs. So trat sie im politischen Leben auch aktiv in Erscheinung und korrespondierte bisweilen sogar selbständig mit befreundeten Herrschern.

Amenophis III. war kein Krieger und außenpolitisch um einen friedlichen Ausgleich mit den Nachbarvölkern bemüht, weshalb die Grenzen meist ruhig blieben. Nur im Regierungsjahr 5 war ein nubischer Aufstand niederzuschlagen, doch lag die militärische Leitung dieses Feldzugs nicht in den Händen des Königs, sondern in denen des kriegserfahrenen Vizekönigs Merimose. Das diplomatische Geschick des Königs erlaubte es, dass der königliche Hof in der darauf folgenden Friedenszeit seine größte Pracht entfaltete. Als Bauherr übertraf Amenophis III. alle seine Vorgänger. Sein Hang zu kolossalen Bauten ließ ihn schon kurz nach dem nubischen Waffengang mit der Errichtung eines gewaltigen Einzugstores, des 3. Pylon, im großen Tempel des Götterkönigs Amun-Re in Karnak beginnen. In einer Siegesinschrift am Nordflügel des Tores heißt es: «Für den Vater Amun-Re, Herrn der Throne der Beiden Länder, damit er Leben, Dauer und Herrschaft, dazu die Vollendung von Millionen Jahren ihm, seinem Sohn Amenophis, dem ‹Herrscher von Theben›, verleiht, den er liebt, den König von Ober- und Unterägypten, den Herrn der Beiden Länder, Nebmaatre (= Herr der Maat, ein Re). Weil seine Beliebtheit beim Vater Amun-Re so groß ist, hat er ihm den Sieg erwählt.»

An die Spitze der Bauleitung berief Amenophis III. einen Mann, der den gleichen Namen trug wie er selbst, Amenophis, mit dem Zusatz «Sohn des Hapu». Dieser stammte aus Athri-

5 Amenophis, «Sohn
des Hapu», der mächtige
Minister und Baumeister
am Hof Amenophis' III.,
Ägyptisches Museum
Kairo

bis, einer Stadt im Delta, und gelangte zu höchsten Ehren. Der
König gestattete ihm sogar, einen eigenen Totentempel auf der
thebanischen Westseite zu errichten, ein Privileg, das sonst nur
einem Pharao zustand. Auf der Ostseite des Nils, wo schon ein
kleiner, dem Gott Amun geweihter Tempel-Kiosk stand, den
einst die Königin Hatschepsut (1479–1459 v. Chr.) hatte bauen
lassen, konzipierte Amenophis, «Sohn des Hapu», einen neuen
Tempel und ließ ihn durch eine Prozessionsstraße mit dem Karnak-Tempel verbinden. Dieser Luxor-Tempel gehört noch heute
zu den eindrucksvollsten Zeugnissen der altägyptischen Archi-
tektur und wird von Tausenden von Touristen jährlich besucht
und bewundert.

Der Totentempel des Königs, den er auf der thebanischen
Westseite errichten ließ, besaß gewaltige Ausmaße, wurde aber
schon in der Antike durch ein Erdbeben fast völlig zerstört.
Jahrhundertelang waren nur noch die einst den Eingang flankie-

renden, fast 20 Meter hohen Sitzstatuen des Herrschers sichtbar. In der klassischen Antike sahen griechische und römische Reisende darin die Abbilder des äthiopischen Sagenkönigs Memnon, der durch die Hand des Achilleus vor Troja fiel. Aus diesem Grund erhielten die Statuen den Namen «Memnonskolosse», der ihnen bis zum heutigen Tag geblieben ist. Seit einigen Jahren werden auf dem Areal, das leider durch eine moderne Straße zerschnitten wird, endlich umfangreiche archäologische Ausgrabungen durchgeführt. Die beachtlichen Funde zeigen deutlich die einstige Pracht.

Die in religiöser, politischer und vor allem wirtschaftlicher Hinsicht bedeutendste Kultanlage des Nillandes war die Tempelstadt des Gottes Amun von Karnak. Generationen von Königen bauten an diesem Gotteshaus und erweiterten es. Kriegszüge wurden in Amuns Namen geführt, und durch die Beute floss den Tempeln ein ungeheurer Reichtum zu. Zum Vermögen des Gottes zählten Grund und Boden sowie Vieh- und Landwirtschaft. Dazu kamen noch Handwerksbetriebe und sogar Bergwerke, welche die Wirtschaftskraft des Amun-Tempels ausmachten.

In dieser Tempelstadt wurde Aanen, dem Bruder der Teje und Schwager des Königs, das angesehene Amt als «Zweiter Amunsprophet» übertragen. Zwar war die höchste Position in der Priester-Hierarchie von Karnak das Amt des «Hohepriesters des Amun», doch war dieser vor allem für repräsentative Aufgaben zuständig, während der Zweite Amunsprophet die Macht in finanzieller und wirtschaftlicher Hinsicht in Händen hielt. Sozusagen als Finanz- und Wirtschaftsminister des Staates war Aanen damit wohl einer der bedeutendsten Beamten unter Amenophis III. Weitere Aufgaben in der Hierarchie der Tempelstadt entfielen auf den Dritten und den Vierten Propheten. Auf der Südwand des Grabes von Ramose (TT 55) sind in einem Gemälde die vier Amunspropheten dieser Epoche dargestellt, wie sie bei der Prozession den Leichenzug des Wesirs begleiten.

Darüber hinaus war Aanen ein namhafter Theologe und Wissenschaftler, der als «Vorlesepriester» die religiösen Bücher und Rituale rezitierte sowie als Astronom die Gestirne beobachtete

und die Stunden der Nacht einteilte, was in religiöser Hinsicht
von höchster Wichtigkeit war. Es gilt heute als sicher, dass die
bedeutende religiöse Dichtung «Buch von den Pforten des Jenseits», welche die Fahrt des Sonnengottes durch die zwölf
Nachtstunden beschreibt, in der Regierungszeit Amenophis' III.
entstand, und man darf vermuten, dass Aanen an der Abfas-
sung zumindest beteiligt war.

Auf seiner 1,42 Meter hohen Standfigur aus Granodiorit
(Museo Egizio Turino, 5484), die 1824 aus der Sammlung
Bernardino Drovetti (1776–1852) angekauft wurde, berichtet
Aanen auf dem Rückenpfeiler über sich selbst:

> Der Erbprinz, Graf, der Siegler des unterägyptischen Königs, der
> sich seinem Herrn nähern darf, sehr beliebt im königlichen Haus
> und bleibend in der Gunst im Palast, ein Gottesvater (hier ist der
> Priestertitel gemeint), rein an Händen, ein Vorlesepriester, der die
> Natur des Himmels kennt, der Größte der Schauenden (Titel des Ho-
> hepriesters) im Re-Tempel, Sem-Priester (alter bedeutender Titel und
> höchstes Amt am königlichen Totentempel) im oberägyptischen He-
> liopolis (Theben), der Angelegenheiten zu ihrer Ordnung führt und
> die Götter mit seiner Stimme beruhigt, der Zweite Amunsprophet,
> Aanen, gerechtfertigt.

Und in einer senkrechten Zeile auf der Vorderseite heißt es:
«Der Siegler des Königs von Unterägypten, der einzigartige Gefährte, der Zweite Amunsprophet, Aanen, der Gerechtfertigte.»

Bekleidet ist der Dargestellte mit einem über die Knie reichen-
den Schurz und einem Pantherfell, der Amtstracht der Sem-
Priester, das hier aber – völlig ungewöhnlich – von oben bis unten mit einem Sternenmuster bedeckt ist. Außerdem trägt Aanen
ein astronomisches Gerät am Gürtel, das an drei kettenartigen
Bändern hängt. Durch diese Attribute wird er als Himmels-
kundler, als geachteter Astronom, dargestellt.

Bemerkenswert ist die Anordnung der beiden Kartuschennamen des Königs: Am oberen Teil des astronomischen Gerätes
erscheint horizontal die Inschrift «Amenophis, Herrscher von
Theben», am unteren Ende steht in senkrechter Schreibweise
«Nebmaatre». Auffällig ist bei der ersten Kartusche die hier

6 Statue des Aanen, des Bruders der Großen Königsgemahlin Teje und Onkels der Nofretete. Ägyptisches Museum Turin

verwendete Hieroglyphe «Schilfblatt» in höchst ungewöhnlicher und sonst niemals praktizierter Weise gegen die Schreibrichtung gedreht (vgl. Abb. 18 u. 19, S. 70 f.). Unter den wenigen Denkmälern des Aanen findet sich eine hervorragend gearbeitete hölzerne Schabti-Figur, die im Rijksmuseum Meermanno-Weestreenianum in Den Haag (Nr. 82/196) aufbewahrt wird. Dort trägt Aanen den auffallenden und an keiner anderen Stelle belegten Titel eines «Hüters der Sänfte». Vermutlich handelt es sich dabei um eine besondere Aufgabe, die vielleicht mit seiner Tätigkeit an den königlichen Totentempeln zusammenhängt; denn mit der Sänfte könnte der Tragsessel des Herrschers der Unterwelt, Osiris, gemeint sein.

Seine Mutter Tuja, die wie ihr Mann Juja in der ersten Regierungsphase ihres Schwiegersohnes Amenophis III. gestorben war und in einem kleinen Grab im Tal der Könige (K(ings) V(alley)46) bestattet wurde, suchte noch im Tode die Nähe ihres gelehrten und weisen Sohnes. So ließ sie auf ihren Sarg schreiben: «Tuja, die Gerechtfertigte …, und ihr Sohn, der Zweite Amunsprophet, der Gelobte des vollkommenen Gottes, Aanen, der Gerechtfertigte». Nur durch diese Aufschrift wissen wir um die enge verwandtschaftliche Beziehung Aanens zum König.

Im 30. Regierungsjahr beging Amenophis III. sein Regierungsjubiläum. Bei diesem Fest in Theben nahm Aanen noch teil. Im Jahr darauf oder etwas später, auf jeden Fall vor dem 34. Regierungsjahr des Königs, starb er und wurde in Theben-West (TT 120) beigesetzt. Die Aufschrift auf den Friesziegeln des Grabes ist kurz und bündig: «Der bei Osiris geehrte Schreiber Aanen».

Das T-förmige Grab ist leider stark zerstört, von den hervorragenden Malereien sind nur spärliche Reste übrig geblieben. Zu erkennen sind in einem entzückenden Bild der thronende König und seine Gemahlin Teje, unter deren Thronsitz eine Katze und eine Gans hocken, während ein Äffchen über sie hinwegspringt. Aus Bildfragmenten geht hervor, dass Aanen verheiratet war und vier Kinder hatte, und zwar drei Töchter und einen Sohn, doch sind die Inschriften mit den Namen der Ehefrau und der Kinder leider verloren gegangen. Sein Nachfolger als Zweiter Amunsprophet wurde Samut, der vorher «Vierter Prophet des Amun» gewesen war.

Auch Aja, ein Schwager der Königin Teje, der deren Schwester Taemwadjesi geheiratet hatte, sollte Aufmerksamkeit und überragende Bedeutung gewinnen. Er stammte wohl wie die Familie von Juja und Tuja aus Achmim in Mittelägypten. In der Ägyptologie wird er zwar oft als «Eje» bezeichnet, doch lautet die exakte Vokalisation nach den Keilschrifttexten «Aja».

Zwei Schwestern

Der Frauenname «Nofretete» (neferet-jjtj) war in der ausgehenden 18. und zu Beginn der 19. Dynastie, also in der Zeit ab 1400 v. Chr., in Ägypten ausgesprochen beliebt. In seinen *Ägyptischen Personennamen* belegt Hermann Ranke mit vielen Beispielen die damalige Verbreitung dieses Mädchennamens. Die

7   Die Schwester der Nofretete, Mutnedjemet (ganz links), im Kreis ihrer kleinen Nichten. Darstellung aus dem Grab des Aja

Übersetzung «Die Schöne ist gekommen» ist zwar grammatikalisch korrekt, vermittelt aber nicht den religiösen Inhalt, der in dieser Benennung verborgen liegt. Vielleicht wäre es besser, den Namen mit «Die Liebliche ist zurückgekommen» zu übertragen, eine Anspielung auf die Göttin Hathor, die vielschichtigste Göttergestalt des ägyptischen Pantheons. In einem altägyptischen Mythos ist es nämlich Hathor, die zurückkommt. In diesem «Mythos von der Himmelskuh», der sicher nach 1400 v. Chr. verfasst wurde, wird erzählt, wie die Menschen sich gegen ihren Schöpfer, den Sonnengott Re, empörten. Hathor wurde als die «Herrin des Schreckens» ausgeschickt, um die Sündigen zu bestrafen, ja um die ganze Menschheit zu vernichten. Aber den Sonnengott reute die vollständige Auslöschung der Menschheit doch, und so ließ er, um Hathor zu besänftigen und sie von der geplanten Vernichtung abzuhalten, einen Schlaftrunk ausgießen, der das ganze Land bedeckte: «Es war diese Göttin, die am frühen Morgen die Überschwemmung entdeckte. Ihr Gesicht wurde schön dadurch, und sie trank – da war es lieblich in ihrem Herzen (lieblich = nefer). Sie kam zurück (jjtj) …»

8 König Haremhab und
Königin Mutnedjemet:
Es ist unsicher, ob es sich
bei der Königin um die
Schwester der Nofretete
handelt. Ägyptisches
Museum Turin

Der Name der Nofretete spielt also auf diesen Mythos an,
dessen älteste Textvariante wir aus dem Innern des größten der
vier Goldschreine des Königs Tutanchamun kennen. Eine Herkunft aus dem Ausland, wie sie so oft aufgrund ihres Namens
postuliert wurde, kann daraus sicher nicht abgelesen werden.

Eine jüngere Schwester der Nofretete trug den Namen Mutnedjemet («Die Göttin Mut ist süß»), der in manchen Publikationen auch Mutbeneret gelesen wird, was in der Übersetzung
keinen Unterschied macht. Dies war ein Frauenname, der nicht
so häufig vorkam. Mutnedjemet wird in den Gräbern von
Amarna mehrfach in Bild und Beischriften vorgestellt: «Schwester der Großen Königsgemahlin ‹Neferneferuaton-Nofretete›,
sie lebe für immer und ewig, Mutnedjemet».

Zwischen den beiden Schwestern scheint eine enge schwester-
liche Beziehung bestanden zu haben. So findet sich im Amarna-
Grab (Nr. 25) des Aja eine Darstellung des Herrscherpaares

Echnaton und Nofretete, in dessen Gefolge drei seiner Töchter zusammen mit Mutnedjemet auftreten. Auf jeden Fall waren die Schwestern Nofretete und Mutnejemet Ajas Töchter, wie das sein späterer Titel eines «Königlichen Schwiegervaters» belegt. Diese Abstammung wurde ebenfalls durch die moderne Humangenetik bestätigt. Sie soll weiter unten mit der DNS-Analyse besprochen werden.

In den schriftlich überlieferten Quellen bezeichnet sich die Gattin des Aja als Nofretetes Amme: «Die vom vollkommenen Gott Gelobte, die große Amme, die die Göttin genährt hat, Schmuck des Königs». Hinter der Bezeichnung «Göttin» erscheint als Determinativ die Hieroglyphe «Göttin», die auf dem Haupt die Doppelfederkrone trägt. War die Gattin Ajas die Stiefmutter oder sogar die Mutter der Mädchen?

2. Von Amenophis zu Echnaton

Götter und Kulte

Die altägyptische Religion nahm in Staat und Gesellschaft eine beherrschende Rolle ein. Die Ägypter waren ein tiefgläubiges Volk; in allem, was sie am Himmel oder auf Erden wahrnahmen, wurde für sie die Macht eines Gottes oder einer Göttin sichtbar. So ist die Zahl der Gottheiten außerordentlich groß. Den wichtigsten von ihnen, die im Himmel oder in der Unterwelt lebten, errichteten die Ägypter Tempel, damit sie auch in der irdischen Welt Wohnung nehmen konnten. Im Innersten dieser Tempel standen ihre Kultbilder aus Gold, Stein und Bronze, zu denen nur wenige ausgewählte Priester Zutritt hatten, um den täglichen Tempeldienst, die Rituale und Kulte durchzuführen. Aber auch die übrigen Räumlichkeiten und Höfe eines Tempels waren nur einem privilegierten Personenkreis zugänglich, die einfachen Gläubigen sprachen ihre Gebete außen an den Tempeltoren.

Angesichts der Vielzahl der Götter teilte man diese gern in

Familien und Gruppen ein. So bildete zum Beispiel seit 2000 v. Chr. der Reichsgott Amun, der «Mächtigste der Mächtigen», mit seiner Frau, der Göttin Mut, und seinem Sohn, dem Mondgott Chons, eine Dreiheit oder Triade, doch gab es auch Zusammenschlüsse zu größeren Göttergemeinschaften.

Viele ägyptische Gottheiten verbinden sich zur Steigerung ihrer Macht mit anderen Göttern, ohne indes eine Familie zu bilden. Dies zeigt sich in Verknüpfungen von Namen, wie zum Beispiel Amun-Re oder Re-Harachte. Hier vereint sich der Reichsgott Amun mit dem Sonnengott Re oder der Sonnengott Re mit Harachte, dem Horizontischen Horus. Durch die weitere Verbindung mit dem Gott Atum, der abendlichen Erscheinungsform des Sonnengottes, zu Re-Harachte-Atum oder darüber hinaus noch mit dem morgendlichen Sonnengott Chepre (= Der von selbst Entstehende) zu Amun-Re-Atum-Chepre entstand ein Kraftfeld, das den ganzen Sonnenlauf umschrieb. Allerdings konnten auf diese Weise entstandene Gruppierungen auch jederzeit wieder aufgelöst werden.

Eine andere Verbindung beschreibt ein Hymnus (Britisches Museum, 826), den die Zwillinge Suti und Hor, beide Baumeister unter König Amenophis III., auf einer Stele in Form einer großen Grabtüre aufzeichneten. Hier wird das Zusammenwirken der Sonnengötter mit anderen großen Göttern Ägyptens geschildert; trotz der Vielheit bilden sie eine Einheit. In dem Hymnus erscheinen die beiden Schöpfergottheiten Chnum, der die Menschen auf einer Töpferscheibe formte, und Ptah, der memphitische Gott, der durch Gedanken und Worte die Welt erschuf, eine Vorstellung, die uns aus dem Johannes-Evangelium wohlvertraut ist. Dazu treten der Horizontische Horus, der in Falkengestalt über den Himmel fliegt, sowie die Himmelsgöttin Nut selbst. Wenn allerdings im Gebetstext «Aton» angerufen wird, so ist damit nicht der Gott Echnatons gemeint, sondern die Sonne als Himmelskörper, genauer gesagt, als Sonnenscheibe, denn dafür steht der Name «Aton» schon seit 2000 v. Chr.:

Gegrüßt seiest du an jedem Tag, du vollkommener Re,
der du morgens immer wieder aufgehst,
Chepre, der sich mit Werken abmüht.
Deine Strahlen sind im Gesicht,
ohne dass man es verstehen kann.
Gold ist deinem Glanz nicht vergleichbar.
Du bist Ptah, deine Glieder machst du golden,
Schöpfer, der nicht geboren wird.
Einzigartiger, der die unendliche Zeit durchläuft,
Wanderer, mit Millionen (Menschen) unter seiner Führung.

Dein Glanz ist wie des Himmels Glanz,
leuchtender ist deine Farbe als die seine.
Wenn du den Himmel durchquerst,
schaut alle Welt auf dich,
aber dein Lauf ist ihnen verborgen.

Du zeigst dich am Morgen tagtäglich,
gewaltig ist deine Fahrt unter deiner Majestät.
Der Tag ist kurz, dein Lauf aber ist lang,
Millionen und Hunderttausende von Meilen.
Ein Augenblick ist jeder Tag unter deiner Aufsicht.
Denn jeder Tag ist dir untertan,
er entschwindet, wenn du untergehst.
In gleicher Weise hast du die Stunden der Nacht vollendet.
Du hast sie genau abgemessen.
Dein Wirken hört nie auf.

Alle Augen sehen nur durch dich,
sie können nichts vollenden, wenn deine Majestät untergeht.
Aber erwachen lässt du sie, wenn du am Morgen aufgehst,
denn deine Strahlen öffnen die Augen.
Doch gehst du im Westgebirge unter,
dann schlafen sie wie Tote.

Gegrüßt seiest du, Aton des Tages!
Schöpfer der Menschen,
der ihr Leben erzeugt hat.
Du großer Falke mit buntem Gefieder,
der entstand, indem er sich selbst emporgehoben hat,

einer, der aus sich selbst hervorging, ohne Erzeuger.
Ältester Horus, inmitten der Himmelsgöttin,
bei dessen Erstrahlen man jubelt
und ebenso bei seinem Untergang.
Ein Schöpfer von allem, was die Erde hervorbringt,
ein Chnum und ein Amun des Himmelsvolkes.
Der die Beiden Länder in Besitz nimmt,
vom Großen bis hin zum Kleinen,
eine hilfreiche Mutter den Göttern und Menschen!
Ein geduldiger Künstler,
groß an Ausdauer für Werke ohne Zahl.
Ein ehrwürdiger Hirte, der sein Kleinvieh treibt,
der dessen Zuflucht geschaffen hat,
damit sie leben können!

Du Eilender mit kräftigem Schritt,
Chepre, von erhabener Geburt,
der seine Schönheit am Leib der Himmelsgöttin entfaltet
und der die Beiden Länder
durch seine Sonnenscheibe erleuchtet.

Du Urgott der Beiden Länder, der sich selbst schuf,
der alles schaut, was er geschaffen hat, da er alleine war,
der täglich die Grenzen der Länder erreicht
und auf die schaut, die darauf wandeln.
Der am Himmel aufgeht, wenn er als Sonne wirkt.
Er macht die Jahreszeiten aus den Monaten,
Hitze, wenn er es möchte,
Kälte, wenn er es will.
Er lässt die Glieder ersterben
und fügt sie wieder zusammen.
Bei seinem Aufgang ist jedes Land
täglich im Jubel zu seinem Lobpreis.

Eine Göttin mit theologisch vielen Facetten war Hathor, deren
Name übersetzt «Haus des Horus» lautet. In ältester Zeit galt
sie als Himmelsgöttin und hatte damit eine enge Beziehung zum
falkengestaltigen Horus und zur Sonne. Später setzte man sie
mit dem versengenden und feuersprühenden Auge des Sonnengottes Re gleich, und so konnte sie zu einer «Herrin des Schre-

ckens» mit vernichtender Kraft werden. «Der Mythos von der Himmelskuh» schildert sie mit diesen Zügen. Eine andere Seite ihres Wesens aber war die einer Göttin der Musik, des Tanzes und der Liebe. Auf diese sanfte Art der Hathor spielt der Name «Nofretete» an. Es ist nicht verwunderlich, dass die Griechen schließlich in ihr die Göttin Aphrodite sahen. Hathor hatte aber auch stark mütterliche Züge, und in Theben wurde sie darüber hinaus als Totengottheit verehrt. Der Verstorbene wollte in ihrem Gefolge sein, um auf diese Weise Schutz und Versorgung im Jenseits zu erhalten. Dargestellt ist sie häufig in Kuhgestalt oder als Frau mit einem Kopfschmuck in der Form eines Kuhgehörns mit Sonnenscheibe.

Eine besondere Rolle innerhalb der ägyptischen Götterwelt spielte die Göttin Maat, eine Tochter des Sonnengottes Re, die mit einer Straußenfeder auf dem Kopf abgebildet wurde. Sie galt als die personifizierte Weltordnung, die der Schöpfer bei der Schaffung der Welt gesetzt hatte. Als abstrakter Begriff hatte Maat auch die Bedeutung von Wahrheit und Gerechtigkeit und beinhaltete das Gegenteil von Chaos. In einem altägyptischen Text heißt es: «Die Richtschnur der Welt ist das Verwirklichen der Maat.» So, wie im Kosmos die Maat vom Sonnengott verwirklicht wurde, so war dies auf Erden die Aufgabe des Königs.

Die noch heute bekanntesten Gottheiten des ägyptischen Pantheons sind Osiris und seine Schwestergemahlin Isis. In altägyptischen religiösen Texten finden sich viele mythische Anspielungen auf das Schicksal dieser Götter, den Mythos selbst jedoch kennt man nicht aus Ägypten, die Quelle dieser Göttergeschichte hinterließ uns vielmehr der antike Schriftsteller Plutarch von Chaeronea (46–120 n. Chr.) unter dem Titel *De Iside et Osiride:*

Osiris, der Herrscher Ägyptens, wurde von seinem Bruder Seth ermordet, welcher darauf unrechtmäßig den Thron bestieg. Isis, die Gemahlin und Schwester des Osiris, sowie eine weitere Schwester mit Namen Nephthys, gleichsam ein Spiegelbild der Isis, betrauerten den Bruder so über alle Maßen, dass Osiris endlich so weit ins Leben zurückgerufen wurde, dass er Isis einen Sohn schenken konnte, nämlich Horus («Der Ferne»).

In einem Streit vor den Göttern verschaffte der herangewachsene Sohn dem ermordeten Vater schließlich die völlige Genugtuung, indem er den Usurpator Seth besiegte und nun als legitimer Erbe den Königsthron bestieg. Osiris aber wurde zum Herrscher des Totenreichs in der Unterwelt. In Anlehnung an diese mythische Handlung erbte jeder König Ägyptens als Inkarnation des Horus den Thron von seinem Vater, der wiederum durch sein Sterben in die Rolle des Osiris eintrat. Es wurde üblich, einem Verstorbenen den Titel «Osiris» zu verleihen, um darauf hinzuweisen, dass ihn das Todesschicksal ereilt hatte.

In der alten Königsresidenz Memphis wurde schon in ältester Zeit der Gott Apis verehrt, dessen Kultbild ein lebender Stier war und der die Fruchtbarkeit des ganzen Landes garantieren sollte. Später wurde er als Herold und sogar als Abbild des Schöpfergottes Ptah verstanden, des Schutzherrn jeglicher handwerklicher Kunst. Der Hohepriester des Ptah trug deshalb auch den Titel «Oberster Leiter der Handwerkerschaft». Bei den antiken Schriftstellern erregte der Apiskult große Aufmerksamkeit. So schreibt Diodor von Sizilien (1. Jahrhundert v. Chr.): «Wenn er (der Apisstier) gestorben und prächtig begraben ist, suchen die Priester, die dafür ausersehen sind, ein Kalb, das an seinem Körper Merkmale trägt, welche dem vorherigen Tier ähnlich sind. Wenn es gefunden ist, hört das Volk mit der Trauer auf.»

Diese derart umfassende religiöse Gedankenwelt schenkte den Menschen über viele Jahrhunderte Sicherheit und Geborgenheit. Durch die Texte, die auf uns gekommen sind, erfahren wir, dass die Ägypter der Existenz ihrer Götter absolut gewiss waren. Als der Philosoph und Dominikanerpater Joseph Maria Bocheński (1902–1995), ein ausgezeichneter Kenner des Alten Ägypten, von einer seiner Reisen ins Pharaonenland zurückkehrte, drückte er seine Bewunderung für die dort in Denkmälern und Texten erlebte Frömmigkeit mit dem Satz aus: »Ich glaube, der Heide bin ich.»

Das ereignisreiche Jahrhundert zwischen 1400 und 1300 v. Chr. allerdings war eine Zeit des Wandels. Die theologischen Traditionen wurden radikal umgestoßen; es kam zu einer Kulturrevolution sondergleichen.

9 Ein Katzensarkophag, gestiftet von Kronprinz Thutmosis. Ägyptisches
Museum Kairo

Vom Prinzen im Schatten zum Pharao

Im 30. Regierungsjahr von König Amenophis III. starb ganz
plötzlich sein ältester Sohn Thutmosis, der Kronprinz des Reiches. Die Zeugnisse, die dieser hinterließ, zeigen, dass er ganz
dem traditionellen religiösen Weltbild verpflichtet war. Er hatte
in Memphis eine militärische Ausbildung genossen, wie es seit
ungefähr 1500 v. Chr. für einen Königserben die Regel war, und
danach die Spitzenposition eines «Hohepriesters des Gottes
Ptah» in dieser Stadt ausgeübt. Mit ihm als Herrscher des Reiches hätte es in Ägypten sicherlich nicht den späteren theologischen Umbruch gegeben.

Nach dem Tod des Kronprinzen Thutmosis trat – so nimmt
man an – der zweite Sohn des Königspaares, Amenophis, in die
Thronfolge ein. Allerdings fällt auf, dass dieser während seiner
achtjährigen Kronprinzenzeit weder in Texten noch in Bildern
in Erscheinung tritt, sein Name wird nur einmal in einem Siegel-
abdruck genannt: «Domäne des wirklichen Königssohns Amenophis», sonst fehlen jegliche Hinweise auf ihn. Solch ein Va-

kuum kann kaum durch die Fundumstände allein erklärt werden. Vielmehr muss man davon ausgehen, dass König Amenophis III. nicht seinen Sohn Amenophis, sondern die älteste
Tochter Satamun in der Thronfolge favorisierte, die er stark be-
vorzugte und der er schon bald nach dem Tod des Kronprinzen
Thutmosis den Titel einer Großen Königsgemahlin verlieh. An
eine tatsächliche Eheschließung des Vaters mit der Tochter, eine
Inzestbeziehung, ist dabei nicht zu denken; Satamun erhielt auf
diese Weise eher die Befugnisse, wichtige königliche Repräsen-
tationspflichten wahrzunehmen, wie sie gewöhnlich nur einem
Kronprinzen zustanden. In der Verleihung dieses Titels lag
demnach ein ganz deutliches Signal für die dynastischen Pläne
Amenophis' III. Dass die jüngere Tochter Isis vier Jahre später
ebenfalls zur Großen Königsgemahlin ernannt wurde, hatte
indes nicht die gleiche Zielsetzung, da sie den Titel von Mutemuia, der kurz zuvor verstorbenen Mutter des Königs, erbte.
Die Bedeutung Satamuns wurde zusätzlich noch dadurch ver-
stärkt, dass die wichtigste Persönlichkeit am Hof, Amenophis,
«Sohn des Hapu», zu ihrem Vermögensverwalter berufen wurde.
Auf einer aus Karnak stammenden Statue dieses bedeutenden
Hofbeamten (Museum Kairo, 42 127) wertet er selbst diese Be-
rufung als einen besonderen Beweis königlicher Gnade:

> Gegeben als königlicher Gunstbeweis in dem Gotteshause des Amun
> von Karnak an den Erbprinzen, Grafen, Siegelbewahrer des Königs
> von Unterägypten, den einzigartigen Gefährten, Wedelträger zur
> Rechten des Königs, Vorsteher der Bauarbeiten des Königs an seinen
> großen Denkmälern, für welche allerlei hervorragendes Steinmate-
> rial herbeigebracht wurde, Vorsteher des Haushalts der Königstoch-
> ter und Königlichen Gemahlin Satamun, sie lebe …

Möglicherweise muss man in dieser Begünstigung seiner Tochter einen ersten Hinweis darauf sehen, dass sich schon während
der Regierungszeit Amenophis' III. Risse in der theologischen
Tradition zeigten und sich ein Richtungskampf am Hofe anbahnte. Während einerseits die alten Traditionen ungebrochen
fortlebten, kündigten sich gleichzeitig neue Akzente an. So
stand der solare Allgott jetzt als Amun-Re oder als Re-Harachte

im Mittelpunkt der Verehrung. Auch begann eine Gruppe von Priestern, sich im theologischen Nachdenken über den Begriff «Sonnengott» von den bisherigen Religionsvorstellungen zu lösen und neue Gedanken zu formen, welche Jan Assmann «die neue Sonnentheologie» nennt und als eine Krise im polytheistischen Weltbild beschreibt. Man versuchte, sich einen alles überragenden, einzigartigen Gott vorzustellen, der sich vollständig erhaben über alle anderen göttlichen Wesen zeigte. Freilich waren die vielen Götter in diesem Denken zunächst nicht ausgeklammert, sie traten nur allgemein und ohne Namen auf. Der «Einzige» war der Schöpfer der Welt und der Götter, er war der Lebensspender, der die Menschen aus seinen Tränen (ein Wortspiel: remit = Träne; remetj = Mensch) entstehen ließ, dazu die Tiere und Pflanzen hervorbrachte. Ein Hymnus an Amun-Re (Papyrus Kairo, 58 038) zeigt diese Tendenz. Dort heißt es:

> Du bist der Einzige, der das, was ist, geschaffen hat,
> der allein war, als er das Seiende schuf,
> aus dessen Augen die Menschen hervorgingen
> und aus dessen Ausspruch die Götter entstanden,
> der das Futter für die Viehherden entstehen lässt
> und die Nahrung für die Menschen,
> der bewirkt, dass die Fische im Strom leben
> und die Vögel am Himmel dahinfliegen,
> der dem Küken im Ei Luft gibt
> und der das Junge der Schlange ernährt,
> der schafft, wovon die Mücken leben
> und die Würmer und Flöhe desgleichen;
> der die Mäuse in ihren Löchern ernährt
> und die Vögel in allen Bäumen.
> Gegrüßt seiest du, der dies alles schuf,
> Einziger, der ganz allein ist,
> Vielarmiger, der die Nacht durchwacht,
> während die ganze Welt schläft.

Was uns in diesem Hymnus entgegentritt, ist ganz offensichtlich ein Text, der zu den Vorläufern der monotheistischen Amarna-Theologie gehört, allerdings ist der naturphilosophische Schritt dahin hier nur vorbereitet, aber durchaus noch nicht vollzogen.

Trotzdem trennt bereits eine große Kluft die «neue Sonnentheologie» vom früheren traditionellen Weltbild, in dem der Sonnenlauf ein vielschichtiger Vorgang gewesen war, bei welchem
der Sonnengott zwar die Hauptrolle gespielt, aber die Handlung durchaus nicht allein dominiert hatte.

Es ist davon auszugehen, dass Aanen, der Schwager von König Amenophis III., zu den theologischen Vordenkern der neuen
Sonnentheologie zählte, ja ihr Spiritus Rector war. Vermutlich
übten Aanen und seine Gedanken auch einen starken Einfluss
auf Prinz Amenophis aus, der seinem Onkel oft im Palast begeg-
net sein dürfte. In der Amarna-Forschung wurde darüber spe-
kuliert, ob Amenophis vielleicht in Heliopolis, dem Zentrum
der Sonnenreligion, erzogen worden sei, und man wollte darin
die Voraussetzung für die später so enge kultische Beziehung
des Königs zu den religiösen Lehren von Re und Aton sehen.
Viel wahrscheinlicher jedoch ist, dass Aanen, der auch als «Hohepriester des Sonnengottes Re» in Theben wirkte, das Vorbild
und die Lehrerpersönlichkeit für den Königssohn war.

Auch die Große Königsgemahlin Teje muss, ebenso wie vermutlich ihr Verwandter Aja, zu den Anhängern dieser neuen
Anschauungen gehört haben, gab sie doch ihrer jüngsten Tochter den Namen Baketaton (= Dienerin des Aton).

In den letzten Regierungsjahren wurde das Leben Amenophis' III. durch Gesundheitsprobleme sehr beeinträchtigt. So
wiederholte er im 34. und 36. Jahr sein Regierungsjubiläum, um
wie am Tage der Krönung die physische und magische Kraft
von den Göttern zurückzuerhalten. Als der König dann im
38. Regierungsjahr starb, scheint ein kurzer Machtkampf um
die Thronfolge ausgebrochen zu sein, den die Anhänger der
«neuen Sonnentheologie» mit dem 22- oder 23-jährigen Prinzen Amenophis als Galionsfigur für sich entscheiden konnten.
Der neue König Amenophis IV. ließ den toten Herrscher nicht
im Tal der Könige direkt, sondern in einem weiter westlich gele-
genen Tal (KV 22) bestatten. Eine Epoche des Friedens und des
Wohlstands für das Nilland war zu Ende gegangen, doch ver-
band man mit dem neuen König die Hoffnung auf eine Fortset-
zung der wirtschaftlichen Blüte.

Nofretete, die damals vielleicht 16 oder 17 Jahre alt war, hat den Prinzen Amenophis wohl in der letzten Phase der Regierungszeit seines Vaters geheiratet, denn bereits im ersten Regierungsjahr wurde dem neuen Herrscherpaar die älteste Tochter geboren. Aja, der Vater Nofretetes, erhielt als königlicher Schwiegervater den besonderen Titel eines «Gottesvaters», den auch Juja erhalten hatte, als seine Tochter Teje Große Königsgemahlin geworden war. Die Krönung Amenophis' IV. fand vermutlich in Theben statt.

Zunächst verlief der Regierungswechsel in gewohnten Bahnen, was sich auch in der Titulatur zeigt, die der neue König bei der Thronbesteigung annahm und die vollständig in der alten Tradition stand. Deshalb sollen im Folgenden seine beim Regierungsantritt gewählten Namen in der klassischen Reihenfolge vorgestellt werden:

An der Spitze der königlichen Titulatur steht der Horusname, der den König als Verkörperung des Gottes Horus auf Erden bezeichnet. Bei Amenophis IV. lautete er «Starker Stier, mit hohem Federpaar». Das im ersten Teil des Namens erwähnte Königstier «Stier» entspricht der Tradition, denn jeder Pharao des Neuen Reiches nannte sich «Starker Stier». Der zweite Teil des Horusnamens weist auf das Federpaar hin, das den Sonnengott nach mythologischen Vorstellungen in der Finsternis leitet. An zweiter Stelle der Titulatur folgt der Nebti-Name, der übersetzt «Name der Beiden Herrinnen» bedeutet. Hier sind die unter- und die oberägyptische Kronengöttin, Uto und Nechbet, gemeint, die den König und seine Namen schützen sollen. Bei Amenophis IV. lautete er «Mit großem Königtum in Karnak». Hier kündigte der Herrscher ein neues und großes Bauprogramm im Karnak-Tempel an. Das dritte Glied in der Titulatur ist der Goldname, für den Amenophis die Bezeichnung «Der die Kronen erhebt in Theben» wählte. Die genaue Bedeutung dieses Namens ist nicht gesichert, vielleicht setzte sich der König mit der Tagesgestalt der Sonne gleich, die glutvoll über den Himmel zieht. Der vierte Teil der Titulatur ist der Nesut-Biti-Name, der Name für den König von Ober- und Unterägypten, der in eine Kartusche, einen Königsring, eingeschlossen wird. Der König nannte sich «Mit vollkommenen Gestalten, ein Re». Den Abschluss der Titulatur bildet der Geburtsname oder Za-Re-(Sohn des Re-)Name, der wieder in einen Königsring eingeschlossen wird. Der König wählte zu seinem Namen «Amenophis» den Zusatz «Gottherrscher von Theben». Schon bei der Wahl seiner Königstitulatur wird eine Distanz zum Reichsgott Amun spürbar, obwohl ja im Namen des Königs «Amenophis» (= Amun ist gnädig) selbst der Gott vorkommt. Dass Amenophis IV. später sowohl seine Titulatur als auch seinen Geburtsnamen änderte, war ein beispielloser Vorgang, den es so nie zuvor gegeben hatte.

Nach der Thronbesteigung regierte Amenophis IV. zunächst auch mit den Beamten weiter, die er von seinem Vater übernommen hatte; eine Umbesetzung einzelner Regierungsposten fand nicht statt. Zudem vollendete er ganz traditionell die Bauten seines Vaters im Amun-Tempel von Karnak, in denen sich noch die alten theologischen Anschauungen manifestierten. Es fällt jedoch auf, dass Darstellungen des jungen Königs in der traditionellen Rolle als Opfernder vor dem Gott Amun spärlich sind. Ein deutlicher Bruch mit der Tradition zeigt sich schließlich, als er auf einer Stele vom Gebel Silsileh – auf der Amun, der König der Götter, ihm (Amenophis IV.) Leben, Dauer und Heil verspricht – nach Anführung seiner Königstitulatur einen neuen Titel entwirft, der zugleich Bekenntnis ist: «Hohepriester des Harachte (Horizontischer Horus), der im Horizont jubelt in seinem Namen als Licht, das der Aton ist». Diese Gleichsetzung des Aton mit dem Licht ist eine vollkommen neue, zuvor nie da gewesene Formulierung, die noch einmal auf der gleichen Stele im Zusammenhang mit dem ersten Bauvorhaben des jungen Königs erscheint: «Erstes Mal, dass seine Majestät anordnet ..., alle Arbeiter von Elephantine bis hin zum 17. unterägyptischen Gau sowie die Militärführer aufzubieten, um den großen Frondienst des Sandsteinbrechens zu leisten zur Erstellung eines großen Obelisken in Karnak für Re-Harachte in seinem Namen als Licht, das der Aton ist.» Und schließlich zeigt sich die zunehmende Bedeutung, die Aton für Amenophis IV. gewann, auch darin, dass das Königspaar seiner ersten Tochter den Namen «Meritaton» (= Liebling des Aton) gab.

Nachdem Amenophis IV. die Bauten seines Vaters im Amun-Tempel abgeschlossen hatte, begann er in Karnak mit der Errichtung eines Tempels für die solaren Gottheiten «Re-Harachte-Aton», wie er es in seiner Titulatur «Mit großem Königtum in Karnak» angekündigt hatte. Das Heiligtum erhielt den Namen «Obelisken-Tempel des Re-Harachte, der im Horizont jubelt in seinem Namen als Licht, das der Aton ist». Die Dekoration der Anlage ist größtenteils in erhabener Relieftechnik ausgeführt: Re-Harachte-Aton erscheint hier als Mann mit Falkenkopf, der eine Sonnenscheibe auf dem Kopf trägt, die wiederum von einer Uräusschlange eingefasst wird. Dieser mächtige Obeliskentempel sollte erst der Anfang der großen Bauten in Karnak sein, die Amenophis IV. ausführen ließ. Ein Relieffragment von diesem Komplex, das den opfernden König mit dem Gott zeigt, befindet sich im Ägyptischen Museum Berlin (ÄM 2072).

Leider begannen spätere Könige gegen Ende der 18. Dynastie, seine Anlagen in Karnak abzutragen, eine Zerstörungsarbeit, die bis in die Regierungszeit König Ramses' II. (1279–1213 v. Chr.) fortgeführt wurde. Dann war das Vernichtungswerk vollständig getan, die Erinnerung an König Amenophis IV. schien für alle Zeiten ausgelöscht zu sein. Aber gerade dadurch, dass die zerlegten Blöcke des Tempels als Baufutter für spätere Tempel verwendet wurden, konnten die Relikte den Stürmen der Jahrtausende trotzen. Zahlreiche Bruchstücke mit Dekoration und Beschriftung, teilweise sogar noch mit alter Bemalung, haben überdauert.

Schon in der Mitte des 19. Jahrhunderts wurden die ersten Blöcke wiederentdeckt und publiziert. 1967 schätzte man die Anzahl der aufgefundenen Blöcke auf 120 000 Stück; es gelang, wie in einem «Puzzle» etwa 60 Szenen zu rekonstruieren. Das im Jahre 1976 eröffnete Luxormuseum zeigt zurzeit 375 wieder zusammengesetzte Sandsteinblöcke, die fast alle in den Jahren 1967 bis 1980 durch das Centre Franco-Égyptien de Karnak aus dem 9. Pylon hervorgeholt wurden. Die beiden großen Bildzyklen des einstigen Heiligtums sind eindrucksvoll ausgestellt und bilden einen Höhepunkt des Museumsbesuches.

10   Die Namen des
neuen Gottes in zwei
Kartuschen eingeschrie-
ben auf einem Kalkstein-
block. Ägyptisches
Museum Turin

Die Geburt eines Gottes

Nachdem sich schon im ersten Regierungsjahr Veränderungen
in den religiösen Vorstellungen angedeutet hatten, die ihren Höhepunkt im Bau des Tempels für Re-Harachte-Aton in Karnak
fanden, kristallisierte sich aus der Vielzahl der ägyptischen Götter mehr und mehr eine neue Gestalt heraus, die wir heute mit
dem Namen «Aton» bezeichnen. Dieser Begriff war zwar schon
seit der Zeit des Mittleren Reiches (nach 2000 v. Chr.) bekannt,
bezeichnete jedoch die Sonne als Himmelskörper oder später,
im Neuen Reich, auch den Thron des Sonnengottes. Außerdem
wurde «Aton» als Synonym für den kosmischen Gott Re verwendet.

Unter Amenophis IV. aber erfuhr der Begriff schon bald einen
entscheidenden Bedeutungswandel. Der König gab Aton einen
langen dogmatischen Namen, wie ihn noch kein ägyptischer

11 Aton mit Falkenkopf.
Relief von einer Stele des
Bildhauers Bak in Assuan

Gott getragen hatte und wie ihn auch nie wieder ein Gott tragen sollte. Er lautete: «Es lebt Re-Harachte, der im Horizont
jubelt in seinem Namen als Licht, das der Aton ist». Mit dieser
Titulatur wurde Aton vom traditionellen Sonnengott getrennt
und die neue Lehre zur Ideologie erhoben. Ihr zufolge galten
nicht wie bisher Re und die Sonnengötter Chepre, Harachte
und Atum als Erscheinungsformen der Sonne, vielmehr offenbarte sich der Gott ausschließlich in der Sonnenscheibe mit ihren Strahlen. Aton war das Licht, das die Welt durchdrang und
überall Leben spendete. Er war der Herrscher der Welt, der König aller göttlichen Wesen, er benötigte keine Göttin als Partne-
rin, und einen Feind gab es für ihn nicht. Die alten Gottheiten
waren gewöhnlich mit dem Pharao in Verbindung getreten und
hatten ihm ihre Wünsche und Segnungen mitgeteilt, die dann
aufgezeichnet werden konnten. Aton aber blieb stumm. Für ihn
sprach Amenophis IV., dem sich der Gott offenbarte.

Der Name des Gottes wurde erstmals in zwei Königsringe eingeschrieben, eine Neuerung, durch die die bestehende irdische Königsordnung in eine kultisch-religiöse Sphäre übertragen werden sollte. Aber auch die bildliche Darstellung des Gottes erfuhr eine Veränderung. Wurde Aton zunächst noch als Mensch mit einem Falkenkopf und der Sonnenscheibe auf dem Haupt wiedergegeben, so erdachte man nun das abstrakte Bild der Strahlensonne, deren Strahlenenden in menschliche Hände übergingen, mit deren Hilfe Aton wiederum mit der Erde in Verbindung trat. Zudem wurde er niemals allein dargestellt, sondern immer im Zusammenhang mit dem König, der Königin oder mit den Tempeln, wobei die Strahlenhände häufig Zeichen des Lebens (= anch) oder der Herrschaft (= was) an die königliche Familie reichten. Dieses Bild des Gottes blieb bis zum Ende der Amarna-Zeit unverändert.

Östlich des großen Amun-Tempels in Karnak entstand eine riesige Tempelanlage mit dem Namen Per Aton (= Haus des Aton), die nahezu quadratisch angelegt war und dabei eine Seitenlänge von etwa 216 Metern aufwies. Während man bei traditionellen Tempeln von offenen Höfen aus in Vorhallen mit immer weniger Tageslicht trat und es immer dunkler wurde, je näher man dem Allerheiligsten kam, bis schließlich der Schrein mit dem Kultbild der Gottheit von tiefer Finsternis umgeben war, so bestand der Aton-Tempel aus mehreren Heiligtümern, die sich in offenen Höfen befanden: Aton, der am Himmel als Allerheiligstes gegenwärtig war, sollte überall Zutritt haben. Ein Aufweg zur neuen Tempelanlage führte dicht am alten Tempel des Amun vorbei, welcher dadurch nachdrücklich in seiner Bedeutung gemindert wurde.

Die Statuen und Reliefs des Aton-Tempels wurden grundsätzlich in «versenkter Technik» hergestellt, das heißt, die Figuren wurden als Vertiefung in die Grundfläche eingearbeitet, weil sich dadurch bei einstrahlender Sonne die Bildwirkung verstärkte. Das Bildprogramm brachte einen veränderten Kunststil, die Darstellungen zeigten sich in einer extremen, vor expressiven Übersteigerungen und Verzerrungen nicht zurückschreckenden Manier. Die künstlerische Neugestaltung betraf zuerst das Kö-

12 Amenophis IV. mit der Doppelkrone, von einer Kolossalstatue aus dem Aton-Tempel in Karnak. Alexandria National Museum

nigspaar, dann aber auch die ganze Bildniswelt. Die in den Jahren 1925 und 1926 entdeckten Sandsteinkolosse des Königs, die alle am ursprünglichen Aufstellungsort, dem ehemaligen Pfeilersaal des Tempelkomplexes, gefunden wurden, sind in sonderbarer Weise wiedergegeben. Das überschmale Gesicht des Königs ist durch schräg sitzende Augen, eine lange Nase und wulstig aufgeworfene Lippen gekennzeichnet. Der Kopf sitzt auf einem dünnen, langen Hals, der Körper ist um die Bauchpartie ausladend und ruht auf überbreiten Oberschenkeln, während die über der Brust gekreuzten Arme und auch die Unterschenkel lang und dünn gestaltet sind. Die Hände halten die königlichen Insignien Krummstab und Geißel. Einer der Kolosse zeigt den Herrscher gar geschlechtslos. Mit diesen provozierenden Darstellungen setzte sich Amenophis IV. bewusst von den früheren Königsbildnissen ab, die den Pharao immer als jugendlich-athletischen und kraftvollen Herrscher gezeigt hatten. Amenophis IV.

13   Nofretete tötet unter der Sonne Atons ihre Feinde und zertrampelt sie in
Gestalt des Sphinx. Zeichnung nach einer Reliefdarstellung in Karnak

14   Nofretete und Amenophis IV. beim Tempelbau für Aton. Zeichnung nach
einer Darstellung in Karnak

15   Amenophis IV. und Nofretete erweisen dem Gott Aton ihre Ergebenheit.
Zeichnung nach einer Darstellung in Karnak

dagegen wies durch diese Bildwerke auf seine Gottesnatur hin, die ihn von allen Menschen unterschied. Als geschlechtsloses Wesen war er zugleich Vater und Mutter seiner Untertanen, deren Leben er über den Tod hinaus in seinen Händen hielt.

An der religiösen Revolution, die sich hier anbahnte, scheint Nofretete eng beteiligt gewesen zu sein. Der Ägyptologe Heinrich Brugsch (1827–1894) schrieb schon im Jahr 1877: «Auch die königliche Gemahlin Nofretete war tief durchdrungen von der hohen Bedeutung jenes neuen Glaubens.» Vielleicht aber war sie sogar eine der maßgeblichen Kräfte der religiösen Reform. Bemerkenswerterweise erhielt Nofretete nämlich – wie ein König bei seiner Thronbesteigung – in Beischriften einen zweiten Namen, der in eine Kartusche, einen Königsring, eingeschlossen war. Dieser lautete programmatisch «Neferneferuaton», das heißt «Der Vollkommenste ist Aton», und erschien nun fast regelmäßig, wenn sie genannt wurde.

In Bildwerken tauchte Nofretete in Positionen auf, die bisher nur einem Herrscher zugestanden wurden: Wie dieser wurde sie beim «Niederschlagen der Feinde» oder als «Sphinx, welcher die Bösen zertrampelt» dargestellt. So scheint sie schon früh auf der gleichen Stufe mit dem Pharao selbst zu stehen, wie zwei weitere Beispiele zeigen: Auf einem Relief, das Amenophis IV. wiedergibt, wie er die Steine des Gotteshauses übereinandertürmt, steht Nofretete mit zum Gebet erhobenen Händen in – ganz ungewöhnlich – fast gleicher Größe vor ihm. Ein weiteres Relief aus dem Per-Aton-Tempel bildet König und Königin ab, wie sie gemeinsam in einem Ritual vor Aton knien. Sie nähern sich ihrem Gott, indem sie sich tief vor ihm beugen. Ein Satz aus einem Hymnus (Papyrus Kairo, 58 038) erklärt dieses Verhalten: «An dessen Füße sich die Götter schmiegen, wenn sie in Seiner Majestät ihren Herrn erkennen.» Dadurch wird deutlich, dass Amenophis IV. und Nofretete, indem sie sich zu Füßen «Seiner Majestät ihres Herrn», also Atons, niederwarfen, sich als Göttergleiche über alle Lebenden auf Erden erhoben. Und wieder befindet sich Nofretete in einer Rolle, die der des Pharao gleichgestellt ist. So wie sie hatte sich noch keine Große Königsgemahlin Ägyptens an der Seite ihres Gemahls präsentiert.

Noch ein weiterer bemerkenswerter Fund zeigt die hervorge-
hobene Rolle, die sie in der neuen Religion einnahm. Vor dem
3. Pylon, einem Einzugstor im Tempel von Karnak, das noch
König Amenophis III. hatte errichten lassen, entstand in dieser
Zeit auf der Westseite des großen Amun-Tempels eine aus zwölf
mächtigen Pfeilern bestehende Fassade. Die neuen Bauten
Amenophis' IV. umschlossen jetzt den Amun-Tempel von drei
Seiten: Im Osten befanden sich der Obelisken-Tempel und das
«Haus des Aton», im Norden der Aufweg zum Aton-Tempel,
und im Westen erhob sich fortan diese ungewöhnliche Fassade.
Zwar wurde sie schon etwa zwanzig Jahre nach Ende der
Amarna-Zeit wieder abgerissen, dann aber an Ort und Stelle im
späteren 2. Tempel-Pylon zuunterst als Füllmaterial erneut ver-
baut. Dort wurden ihre Teile in den vierziger Jahren des vorigen
Jahrhunderts von Maurice Pillet (1881–1964) und Henri Chev-
rier (1897–1974) wiederentdeckt.

Die Darstellungen auf diesen zwölf Pfeilern, die von dem ka-
nadischen Ägyptologen Donald B. Redford zuerst publiziert
wurden, boten eine große Überraschung: Auf allen zwölf Pfeilern wird ausschließlich die Königin Nofretete unter der Strahlensonne wiedergegeben. Sie ist die Hohepriesterin, die alle
Kulthandlungen und das Opfer für Aton allein vollzieht. Sie
trägt eine lange Robe mit schalartigem Gürtel, auf dem Haupt
ein Diadem und die Göttinnenkrone. Auf manchen Pfeilern ist
hinter ihr noch die kleine Prinzessin Meritaton zu sehen, die,
damals sicher noch ein Kleinkind, hier als junges Mädchen auf-
tritt, das ein Sistrum schüttelt und den Gott Aton anbetet.

Unterhalb der Sonne mit ihren Strahlen heißt es jeweils auf
den Pfeilern:

> Großer lebender Aton, der in seinen Jubiläen ist,
> Herr des Himmels und der Erde,
> Mittelpunkt von ihr, die Aton erkannt hat (gemjt)
> im Hause des Aton,
> die Große Königsgemahlin, die er liebt,
> die Herrin der Beiden Länder,
> Neferneferuaton-Nofretete,
> sie lebe für immer und ewig.

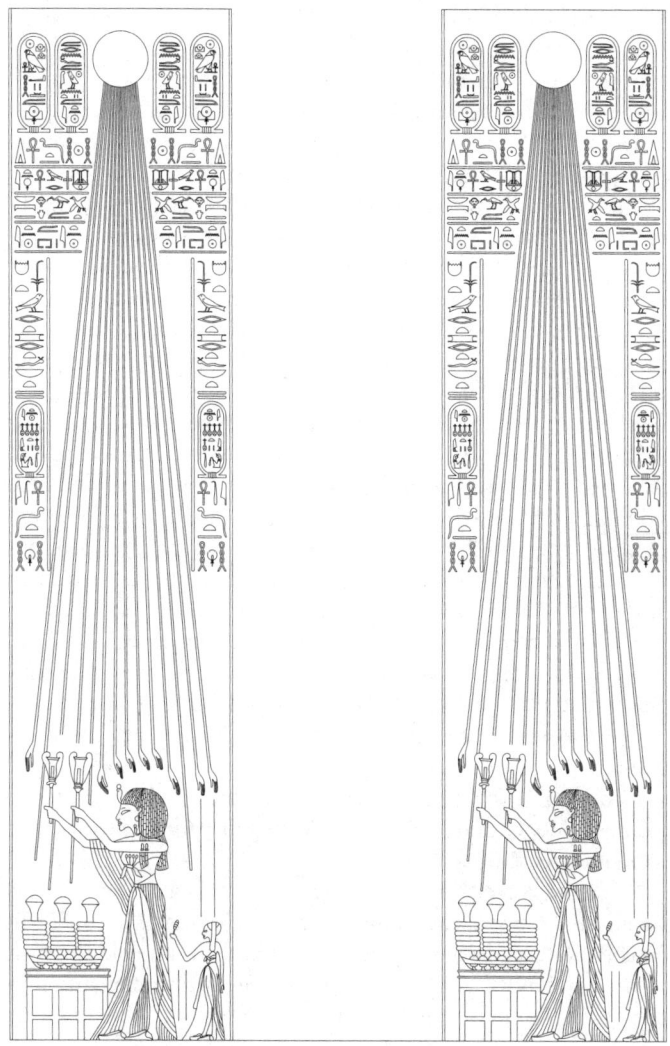

16   Nofretete-Pfeiler. Zeichnung nach Fragmenten im Karnak-Tempel

Unübersehbar ist hier im Text grammatikalisch die feminine Form gewählt, die keinen Zweifel daran lässt, dass tatsächlich Nofretete gemeint ist. Der König selbst ist nirgends abgebildet und auch in den Beischriften nicht genannt. Am Westzugang des alten Amun-Tempelbezirks stand nun dieser Zwölfpfeilerbau mit den Darstellungen Nofretetes unter Atons Sonne.

Zu Beginn der Regierungszeit Amenophis' IV. blieben die alten Götter trotz gewichtiger Veränderungen zunächst unangetastet. Allein Osiris, der Herrscher des Totenreiches, war sofort aus der Gesamtheit der Götter ausgestoßen worden. Diese Position nahm statt seiner Amenophis IV. selbst ein, er bestimmte nun aus eigener Gnade, wer nach dem Tod ein «Gerechtfertigter» wurde. Ein Jenseitsgericht, vor dem sich bisher jeder Verstorbene zu verantworten hatte, fand nicht mehr statt. Der Gott Aton jedoch wurde vor allen anderen verehrt. Im Jahr 1966 fand man, verbaut im 9. Pylon, einen großen Sandsteinblock von fast zwei Metern Länge, auf dem eine einzigartige Opfergabenliste eingemeißelt ist, die Amenophis IV. für Aton bestimmt hatte. Einleitend heißt es: «Seine Majestät befahl, Opfer neu zu stiften für seinen Vater ‹Es lebt Re-Harachte, der im Horizont jubelt, in seinem Namen als Licht, das in Aton ist› auf den Altären von Memphis bis hin nach Diospolis. Ein Gottesopfer, eingerichtet durch den König von Ober- und Unterägypten Nefercheperure-waenre für seinen Vater Re als tägliches Opfer in Memphis.» Dann folgt eine Liste der Spenden, so zum Beispiel verschiedene Brotsorten, Kuchen, Bier, Wein, Milch, Früchte, Gemüse, Vögel und Weihrauch. Man gab Aton weit mehr als allen anderen Göttern.

Während dieser Veränderungen in Karnak hielt sich der bis dahin so einflussreiche Hohepriester des Amun, Mai, nicht in Theben auf. Der König hatte ihn, vermutlich um eine Opposition zu verhindern, als den Leiter einer Steinbruchexpedition in das Wadi Hammamat geschickt, wo sich von ihm eine Inschrift aus dieser Zeit erhalten hat.

Die große Wende

Eine Weiterentwicklung der neuen Religion zeigte sich in einem Regierungsjubiläum, das Amenophis IV. in einem Heiligtum der Tempelanlage im 3. Regierungsjahr feierte. Dieses als «Heb-sed» bezeichnete Fest wurde seit frühgeschichtlicher Zeit in der Regel im 30. Regierungsjahr eines Königs gefeiert und sollte dazu dienen, seine Kraft und Jugendlichkeit zu erneuern. Schon der hier gewählte frühe Termin war daher ungewöhnlich, gleichzeitig aber erfuhr das Fest einen wesentlichen Bedeutungswandel.

Auf einem Kalksteinrelief, das sich heute im Fitzwilliam Museum Cambridge (E. G. A. 2300. 1943) befindet, haben sich szenische Darstellungen dieses Jubiläums erhalten. Hier mischt sich unverkennbar eine noch traditionelle Ausführung des Festes mit neuem religiösem Inhalt. Der König, der zweimal abgebildet ist, trägt das überlieferte Heb-sed–Gewand, einen kurzen weißen Mantel, der oberhalb der Knie endet, und die weiße Krone mit einem festlichen Stirnband, dessen Enden nach hinten fallen. Auf der linken Seite des Bildes steht er in einer Kultnische des Tempels vor einem Altar mit Opfergaben, die Arme anbetend erhoben unter den Strahlen Atons, dessen Hände sich über den König und die Gaben ausbreiten. Am Rand des Opfertisches steht eine kleine Statue, die den Altar berührt. Auf der rechten Bildseite schreitet der König mit einem Zepter in der Hand in einer Prozession dahin, auch hier übergossen von den Strahlen Atons, dessen Hände Lebens- und Herrschaftszeichen halten. Dem Herrscher voran geht der Obervorlesepriester, hinter ihm der «Erste Prophet des Nefercheperure-waenre» (also des Königs), der die Sandalen des göttlichen Landesherrn und das für diese bestimmte Kästchen trägt. Beide schreiten ehrfurchtsvoll in tief gebückter Haltung. Es ist bemerkenswert, dass der König bereits in dieser frühen Regierungsphase eine eigene Priesterschaft ernannt hatte. Der Name des Ersten Propheten ist bekannt, er hieß Tutu und stammte vermutlich aus Syrien; außerdem war er «Kammerherr», «Oberbaumeister» und «Oberster Mund des ganzen Landes», also eine Art Herold des Königs. Darüber hinaus bekleidete er auch das Amt eines Finanzministers, dem auf königlichen Befehl alle Beamten und führenden Persönlichkeiten des Staates die Abgaben und Steuern zu entrichten hatten. Auf anderen Reliefdarstellungen hält Aton dem König statt des Anch-Zeichens eine Heb-sed-Kapelle an die Nase. Leider haben wir keine Berichte von dem Fest; die Beamten, die noch das Heb-sed Amenophis' III. so lebhaft in ihren Biographien schilderten, schweigen sich zu diesem Königsjubiläum vollständig aus.

Auffällig ist jedoch, dass die alten Götter, die stets eine dominante Rolle beim Heb-sed gespielt hatten, vollständig fehlen. Es blieb allein Aton als Ausrichter, der nun anlässlich dieses Festes neue Beinamen erhielt wie zum Beispiel «Der im Sed-Fest ist». Er ergoss seine Strahlen über Amenophis IV. und verlieh ihm damit die Kraft und Legitimität als göttlicher Sohn des Aton.

Mit Sicherheit ging es dem König nicht darum, ein Sed-Fest im ursprünglichen Sinne zu feiern, sondern er wird vor allem eine Möglichkeit gesucht haben, die großen Feierlichkeiten für Amun abzuschaffen und durch andere Jubiläen zu ersetzen. Auch Erik Hornung und Elisabeth Staehelin sehen in dieser neuen Art von Gottesfest einen Ersatz für jene Götterfeste, die nun nicht mehr begangen wurden.

Nofretete aber trat bei diesem Jubiläum als göttliche Dritte zu Aton und dem König hinzu. Ein erhaltenes Reliefbild zeigt sie in einer Sänfte, deren kioskähnliches Dach Uräusschlangen mit Sonnenscheiben schmücken und die von zwölf Sänftenträgern im ehrfürchtigen Knielauf getragen wird. Die Königin sitzt auf einem mit Uräen dekorierten Thron, sie ist mit einer kurzärmeligen Robe bekleidet und trägt zwei hohe Federn über dem Diadem auf dem Haupt. Dies ist der Kopfschmuck einer Göttin und hebt die Königin auf eine gemeinsame göttliche Ebene mit Echnaton. Den Thron flankieren Sphingen, die das Gesicht der Nofretete haben. Auf einem Gedenkskarabäus, der in Nubien (Sedeinga) gefunden wurde und sich heute im Britischen Museum (Nr. 2868) befindet, steht im Zusammenhang mit dem Heb-sed die Aufschrift:

Es lebe der vollkommene Gott, dessen Ruhm groß ist, ein Eigentümer
bedeutender Namen, mit heiliger Titulatur, ein Besitzer von Regie-
rungsjubiläen wie Tatenen, ein Herr der Lebenszeit wie Aton im Himmel, bleibend im Ischedbaum von Heliopolis (heiliger Baum im Obe-
liskenhaus), wo es heißt: Der König von Ober- und Unterägypten,
Nefercheperure-waenre, beschenkt mit Leben, der geliebte Sohn des
Re, Amenophis, Gottherrscher von Theben, groß an Lebenszeit und
die Große Königsgemahlin Nofretete, sie lebe!

Nofretete war dem König im Rang fast gleichgestellt, sie trug
wie er einen zweifachen Kartuschennamen und befand sich stets
an seiner Seite. Sie bildete das weiblich-göttliche Element der
Aton-Religion und die weibliche Entsprechung zum König.
Wenn Aton der androgyne Gott der Schöpfung war, so waren
Amenophis und Nofretete seine geschlechtlich unterschiedenen
Kinder, die mit ihm eine göttliche Dreiheit (Triade) darstellten.

Da es in Ägypten immer wieder Zeiten gegeben hat, in denen
ein bestimmter Gott vor anderen Gottheiten besonders bevor-
zugt wurde und als Haupt im Pantheon hervortrat, mögen die
religiösen Veränderungen unter Amenophis IV. zunächst keine
besondere Ablehnung oder Abwehr bei seinen Untertanen her-
vorgerufen haben. Als aber die Degradierung des Gottes Amun
weiter voranschritt, wuchs die Unzufriedenheit vor allem bei
denjenigen, deren Existenz von der Wirtschaftskraft des großen
Amun-Tempels in Karnak abhing. Das wird letztendlich der
Grund dafür gewesen sein, dass sich der König im 4. Regierungsjahr gezwungen sah, seine Regierungsmannschaft, die er
noch von seinem Vater übernommen hatte, auszuwechseln. Nur
wenige alte Beamte waren von dieser Säuberung ausgenommen.

Die Mitglieder der neuen Mannschaft, die Amenophis IV.
einsetzte, kamen in größerer Zahl aus den einfachen Schichten des Volkes oder waren ausländischer Herkunft. Vielleicht
rückte der aus einer unbekannten Familie stammende Merire
über eine militärische Laufbahn zum «Hohepriester des Aton»
auf. Dies war das höchste Priesteramt, das unter Amenophis IV.
zu vergeben war. Sein Stellvertreter und «Erster Prophet des
Aton» war Pentu, der auch den Titel eines «Oberarztes» führte.
Ob er wie Tutu, welcher schon beim Heb-sed des Königs aufge-

treten war, ausländischer Herkunft war, muss dahingestellt bleiben. Als Zweiter Prophet diente ein Mann namens Panehesi, der später eine überragende Rolle spielen sollte. Auch seine Herkunft liegt vollständig im Dunkeln.

In das hohe Amt eines «Prophetenvorstehers aller Götter» setzte Amenophis IV. den «Truchsess» Parennefer ein: Dieser musste das Getreide an die einzelnen Tempel des Landes verteilen und entscheiden, wie viel jedem Gott zugemessen wurde, eine Aufgabe, die für das ganze Volk, das oft von den Tempeln wirtschaftlich abhängig war, von großer Bedeutung war. An die Spitze der Militärverwaltung in Nubien wurde mit dem Titel «Königssohn von Kusch» ein Mann namens Thutmosis berufen.

Für die Leitung der Landesverwaltung dagegen waren zwei Wesire zuständig, einer für Ober- und einer für Unterägypten. Der Wesir von Unterägypten, Aper-el, dessen Name schon auf seine asiatische Herkunft hinweist, wurde in seinem Amt, das er bereits unter Amenophis III. innegehabt hatte, bestätigt.

Was jedoch das oberägyptische Wesirat angeht, so wurde der alte Amtsinhaber Ramose, der dem Staat unter Amenophis III. gute Dienste geleistet hatte, abgelöst und durch einen neuen Mann namens Nachtpaaton (= Stark ist Aton) ersetzt. Vor der Zeit des religiösen Umbruchs hatte dieser Nachtpaaton noch Nachtmin (= Stark ist der Gott Min) geheißen. Sein Namenswechsel war vermutlich der Laufbahn geschuldet. Denn wie zu allen Zeiten gab es in der Umbruchsphase karrierebewusste Menschen, die alles für einen Aufstieg unter Amenophis IV. zu tun bereit waren. Diese scheuten oft sogar nicht davor zurück, geschmeidig die alten Götter zu verleugnen, wobei sie sich – tatsächlich oder nur scheinbar gläubig – dem Gott Aton in der Triade mit dem König und der Königin als den auf Erden sichtbaren göttlichen Wesen zuwandten. Und wohl als Beweis ihrer Gläubigkeit wechselten sie wie Nachtpaaton ihren Geburtsnamen, um Wohlgefallen bei Hofe zu finden. Auch der «General» und «Rekrutenschreiber» Ptahmes (= Der Gott Ptah ist geboren), einer der höchsten Militärchargen, änderte im Laufe der Regierungszeit Amenophis' IV. seinen Namen in Rames (= Re ist geboren). Der Beamte Meritineith (= Liebling der Göttin

Neith) nannte sich Meritiaton (= Liebling des Aton), als er zum Domänenverwalter des memphitischen Aton-Tempels aufsteigen konnte. Keine Schwierigkeiten hatten dagegen jene, die einen der seit jeher beliebten Kurznamen trugen, aus denen keine religiöse Tendenzen abgelesen werden konnten und die damit unauffällig waren.

Neben diesen Männern gab es etwa zwei Dutzend weiterer Persönlichkeiten, die vom König mit hohen Aufgaben betraut wurden. Der «Oberverwalter von Memphis», Ipi, der Neffe jenes Ramose, welcher zuvor beim großen Revirement abgelöst worden war, hatte sich schon früh als ein überzeugter Anhänger Amenophis' IV. gezeigt. Er setzte seine Karriere fort und stieg später in noch höhere Ämter auf. Einer der engsten Vertrauten des Herrschers war indes sein Schwiegervater, der «Königliche Staatssekretär» und «Gottesvater» Aja, der ja in naher verwandtschaftlicher Beziehung zum Königshaus stand. Er wurde mit dem höchsten militärischen Ehrenrang eines «Befehlshabers der Streitwagentruppe» ausgezeichnet.

Überhaupt ist die Tatsache bemerkenswert, dass Amenophis IV. besonders auf militärische Stärke setzte und eine Vorliebe gerade für die Streitkräfte entwickelte. Er berief den noch ganz jungen Paatonemheb (= Aton ist im Fest) zum «General des Herrn der Beiden Länder», der zusammen mit dem oben genannten Rames und einem Mann namens Maja die ägyptische Armee befehligte. In die königliche Leibgarde wurden vorwiegend Ausländer berufen, die kaum Rückhalt in der Bevölkerung hatten und damit ganz auf das Wohlwollen des Herrschers angewiesen waren und in bedingungsloser Treue zu ihm standen.

In dieser Zeit, etwa im 3. oder 4. Regierungsjahr, gebar Nofretete eine zweite Tochter, die den Namen Maketaton (= Mein Schutz ist Aton) erhielt.

Atons heilige Stadt

Zu Beginn des 5. Regierungsjahres beschloss Amenophis IV. die Gründung einer neuen Hauptstadt, die in der weiten Ebene von Tell el-Amarna, etwa auf halbem Weg zwischen Kairo und Luxor, liegen sollte. Auf dem noch unberührten Boden östlich des Nils konnte der Gott Aton ohne Rücksichtnahme auf andere Götter verehrt werden, hier hatten die Gläubigen – anders als in Karnak – nicht stets den Tempel des Amun vor Augen.

Zuerst drei, dann weitere elf aus dem Fels gehauene Stelen legten die Grenzen der neuen Residenzstadt mit dem Namen Achetaton (= Horizont des Aton) fest, die ein Areal von 144 Quadratkilometern umschloss. Die Totenstadt spielte schon bei der Gründung der Hauptstadt eine maßgebliche Rolle. So verkündete der Herrscher sein Vorhaben auf den Stelen:

> ... Ich errichte mir Königspaläste, und ich baue einen Harem für die Königliche Gemahlin in Achetaton an dieser Stelle! Man baue mir ein Grab im Berg von Achetaton, wo die Sonne aufgeht, in welchem meine Bestattung erfolgen soll nach Millionen von Regierungsjubiläen, die Aton mir zugewiesen hat. Man bestatte darin nach Millionen von Jahren die Große Königsgemahlin Nofretete ...

Demnach sollte das Königsgrab im Osten der Hauptstadt errichtet werden, dort wo die Sonne emporstieg, und nicht mehr wie in alten Zeiten im Westen in Richtung des Sonnenuntergangs. Das bisherige Reich der Toten, die Unterwelt, sollte nicht mehr existieren, das Jenseits war jetzt in der Helligkeit des Tages angesiedelt und stand damit unter dem Schutz des Gottes Aton, der das Licht war. Das galt nicht nur für die königliche Familie, sondern für alle Untertanen. Aus dem Text der Grenzstelen geht hervor, dass der König befahl, für sich selbst, seine Gemahlin Nofretete und die Tochter Meritaton ein Familiengrab in den Bergen östlich von Achetaton anzulegen; darüber hinaus sollten hier aber auch alle Aton-Priester und alle Beamten ihre Begräbnisstätten erhalten. Mit dieser Bestimmung wurde Theben des Reichsfriedhofs beraubt, wodurch die thebanischen Götter in die Bedeutungslosigkeit versanken.

Obwohl auch Achetaton später in der Zeit der Ramessiden bis auf die Fundamente geschleift wurde, konnte der Grundriss der Stadt durch archäologische Kleinarbeit wiedergewonnen werden. Verantwortlich für die Ausführung der königlichen Pläne war der Oberbaumeister Maanachtuef, der Chefarchitekt der Gesamtanlage, in der einst fünfzig- bis einhunderttausend Menschen wohnten. Der deutsche Ägyptologe und Architekt Christian Tietze hat in den letzten Jahren einen archäologischen Stadtplan von Achetaton erarbeitet, der sich in der Genauigkeit der Straßenführung mit jedem modernen Stadtplan messen kann (siehe vordere Umschlaginnenseite). Aus ihm lässt sich folgende knappe Übersicht gewinnen: Ganz im Süden der Residenz lagen zwei kleinere Palastanlagen, Maru-Aton (25) und el-Hauata, die den Charakter von königlichen Lustschlössern besaßen. Drei große Straßenzüge durchliefen daran anschließend die Anlage in Nord-Süd-Richtung, wobei die ‹Hauptstraße› und die ‹Oberpriesterstraße› eine dritte Parallelstraße einschlossen. Entlang dieser Straßen zogen sich die Residenzen der Oberschicht mit ihren prächtigen Gärten. Das Wohnhaus und die Werkstätte des Bildhauers Thutmosis lagen zum Beispiel an der ‹Oberpriesterstraße›. Dagegen weiß man leider nicht, wo sich das Atelier eines weiteren prominenten Bildhauers namens Bak in Achetaton befand, dessen berühmte Gedenkstele aus Quarzit im Ägyptischen Museum Berlin (ÄM 31 009) ausgestellt ist. Sie zeigt Bak in einem Selbstbildnis, das wohl das älteste seiner Art in der Kunstgeschichte sein dürfte.

Alle drei Straßen mündeten in der Stadtmitte in eine in West-Ost-Richtung verlaufende Allee. Hier begann das Zentrum von Achetaton, das eine Fläche von etwa eineinhalb Quadratkilometern einnahm. Alle wichtigen Gebäude befanden sich in diesem Bezirk. Auf der Nilseite lag der königliche Weingarten (28), den allerdings erst später König Semenchkare anlegen sollte. Ihm gegenüber stand ein Aton-Tempel, der den Namen «Kleine Residenz des Aton» (23) trug. Eine Umfassungsmauer mit Vor- und Rücksprüngen ließ ihn wie eine Festung erscheinen. Darauf folgte, dem Fluss zugewandt, der riesige Palast (18) mit Gärten und Harem und ihm gegenüber das «Haus des Königs» (17), ein großer Gartenkomplex mit repräsentativen Räumlichkeiten und Wirtschaftsanlagen (16), der mehr als 190 offene und überdachte Gemächer umfasste.

Hinter dem Wohnraum des Königs lag sein Schlafzimmer. Die Privatgemächer waren über einen Hof mit dem sogenannten

Prinzessinnenhaus verbunden, worin jede Königstochter eine Kemenate besaß, die alle gleich ausgestattet waren. In einer Nische standen jeweils die Betten, die aus Lehm aufgebaut waren, zwei Meter lang und 70 Zentimeter tief.

Christian Tietze, der das «Haus des Königs» grundlegend erforschte, schreibt:

> Damit kommt dem Haus eine wichtige Bedeutung zu; als Ort der täglichen Entscheidung für den Bau der Stadt, für innenpolitische und außenpolitische Entscheidungen und für die Ehrungen der wichtigen Beamten. Hierfür bot das differenzierte Raumprogramm einen geeigneten Rahmen: kleinere Kult- oder Verwaltungshandlungen im Kernbereich, repräsentative Aufgaben im Gartenhof verbunden mit der Verteilung von Lebensmitteln und wertvollen Materialien aus den Magazinen. Das Königshaus scheint nicht der Ort des Wohnens, sondern der Ort des Handelns, der Erfüllung notwendiger Pflichten des Königs gewesen zu sein.

Auch Nofretete und ihre Kinder scheinen sich im «Haus des Königs» nicht häufig aufgehalten zu haben. Sie zogen vermutlich die großzügigen und prächtigen Räumlichkeiten der königlichen Palastanlagen vor, entweder die im Norden der Stadt oder die im Zentrum.

Beide Gebäude, das «Haus des Königs» und der Palast, waren durch eine Brücke verbunden, welche mit drei Durchlässen die Straße überquerte (22). Oberhalb des mittleren Durchlasses befand sich das Erscheinungsfenster, von dem aus sich der König und die Königin bei bestimmten Anlässen dem Volk zeigen konnten.

Den Mitgliedern der königlichen Familie gehörten eigene Tempelkapellen, die man als «Sonnenschatten» bezeichnete. Diese waren für den persönlichen Aton-Kult bestimmt und besaßen einen Altarhof mit Königsstatuen und einen Hochaltar, der einem Kiosk ähnelte.

Östlich vom «Haus des Königs» stand das Staatsarchiv (19) mit seinen Nebengebäuden, in dem auch die ausländische Korrespondenz mit den Mächtigen der damaligen Welt aufbewahrt wurde, dahinter das sogenannte Lebenshaus (20), in welchem

eine Bibliothek mit geheimen Schriften sowie zudem eine Aus-
bildungsstätte für Priester, Schreiber und Ärzte, die später im
Staatsdienst gebraucht wurden, untergebracht waren. Daran
schlossen sich die Kasernen des Militärs und in ihrer Nachbarschaft die Baracken der örtlichen Polizei (21) an, die unter der
Aufsicht eines Mannes namens Mahu standen. Dazu gehörten
natürlich Waffenkammern und Pferdeställe, auch ein Exerzier-
und Paradeplatz war vorhanden.

Von der Allee aus verlief – wie eine leicht versetzte Fortset-
zung der ‹Hauptstraße› – die ‹Königsstraße› nach Norden (8).
Hier hatte der große Aton-Tempel seinen Platz, der Brennpunkt
der neuen religiösen Welt, der den Namen «Haus des Aton in
Achetaton» (9) trug. Eine riesige Umfassungsmauer mit einem
Einzugstor umschloss zwei aus Stein gebaute Tempel, das Gem-
paaton (10) und das Hut-Benben (13 und 14) sowie einen
Schlachthof (11), in dem die Opfertiere getötet wurden. An der
Außenseite der nördlichen Umfassungsmauer des großen Aton-
Tempels befand sich zudem noch ein geräumiger Pavillon (12),
der dem Königspaar als Festraum diente. Auch für den Tempel
des Aton hatte der schon erwähnte Bildhauer Bak Arbeiten ausgeführt, und zwar in rotem Assuangranit. Zur Erinnerung hinterließ er in Assuan folgenden Text: «Verehrung geben dem
Herrn der Beiden Länder, die Erde küssen vor Waenre durch
den Vorsteher der Arbeiten am Roten Berg, einer, der von Seiner
Majestät selbst unterwiesen wurde, der Oberbildhauer von großen und wichtigen Denkmälern des Königs im ‹Haus des Aton
von Achetaton›, Bak, Sohn des Oberbildhauers Men, geboren
von der Hausherrin Raj aus Heliopolis».

In der nördlichen Vorstadt (7) standen neben wenigen eleganten-
ten Gebäuden, wie etwa dem Wohnhaus des Leiters der Hand-
werker, Hatiai, vor allem niedrige und einfache Häuser des Mit-
telstandes, aber auch ganz regellos errichtete Behausungen der
armen Bevölkerung.

Und schließlich erhob sich weiter nördlich ein weiterer großer Königspalast (5). Durch ein Tor in der Westseite betrat man
zwei aufeinanderfolgende Höfe, die zum Audienzsaal des Königs führten. Diese bedeutende Anlage, die zahlreiche Räum-

lichkeiten für Kult und Repräsentation umfasste, war zudem klimatisch besonders angenehm, da hier vom Fluss her der Nordwind kühlend über das Gebäude strich.

Ganz im Norden lag die kleine Nordstadt (1), die vor allem aus Verwaltungsgebäuden (2) bestand. Aber auch dort hatte man einen Königspalast (3) erbaut, der in einer langen Front ganz auf den Nil ausgerichtet war.

Außerhalb des Stadtzentrums nach Osten, in der Nähe der Berge, lag das Dorf der Nekropolenarbeiter. Hier drängten sich auf engem Raum siebzig Reihenhäuser, in denen Steinmetze, Schreiber, Maler, Reliefkünstler und Lastenträger mit ihren Familien wohnten. Sie hatten die Aufgabe, die Felsgräber in den Ostbergen auszuhauen und sie mit Reliefs und Inschriften zu dekorieren. Diese spezialisierten Arbeiter hatte der König aus Theben-West abgezogen und hier neu angesiedelt.

Die Stadt war dazu bestimmt, der heilige Mittelpunkt der neuen Religion zu werden. Sie sollte für immer bestehen bleiben, «bis der Schwan schwarz und der Rabe weiß wird, bis die Berge aufstehen und wandern und das Wasser bergan fließt», wie es in einem zeitgenössischen Text heißt. Auf den Grenzstelen schwor der König: «Ich werde nie sagen: Ich gebe Achetaton auf, indem ich Befehl gebe, ein Achetaton an einer anderen, schöneren Stelle zu errichten.»

Bruch mit der Vergangenheit

Unmittelbar vor der Übersiedlung nach Achetaton hatte der König seine beim Regierungsantritt angenommene Titulatur vollständig neu gestaltet. Diese Änderung kann nicht vor der Mitte des 5. Regierungsjahres vorgenommen worden sein, da der Herrscher vor diesem Zeitpunkt noch mit seinem alten Namen angesprochen wurde, wie ein Brief seines Vertrauten Ipi aus Memphis eindeutig belegt. Der Austausch der Titulatur, aber vor allem die Neubildung des Geburtsnamens waren ohne Beispiel in der ägyptischen Geschichte. Damit wurde die Herrschaft Atons festgeschrieben.

Der Horus-Name lautete jetzt «Starker Stier, von Aton ge-

liebt», und der Herrinnen-Name (siehe S. 39), früher «Mit großem Königtum in Karnak», wurde nun zu «Mit großem Königtum in Achetaton». Für den sogenannten Goldnamen wählte
der König die Form «Der den Namen des Aton emporhebt».
Den vierten Namen, den Thronnamen, ließ der König unangetastet, er lautete weiter «Mit vollkommenen Gestalten, ein Re,
der Einzige des Re». Die Änderung des fünften Namens aber
war ein sensationeller Vorgang und absolut einmalig. Der Herrscher legte nämlich seinen Geburtsnamen Amenophis (= Amun
ist gnädig) ab und nannte sich nunmehr «Echnaton». Dieser
neue Name ist schwer zu übertragen, weil es dazu mehrere
Möglichkeiten gibt. Früher wurde er mit «Glanz der Sonnenscheibe» übersetzt. Heinrich Schäfer brachte dann «Geist des
Aton» ins Spiel, und Kurt Sethe hat mit guten Gründen den Namen «Es gefällt dem Aton» vorgeschlagen, dazu die etwas frei-
ere Form «Der dem Aton nützt» oder «Dem Aton wohlgefäl-
lig». Aber auch die Übertragung «Strahl des Aton» ist möglich
und wird häufig verwendet.

Gänzlich unangetastet blieben dagegen die Namen der Königin; sie hieß weiterhin Neferneferuaton-Nofretete. Sie gebar,
noch bevor der Hof in die neue Residenz nach Achetaton um-
zog, eine dritte Tochter, die den Namen Anchesenpaaton (= Sie
lebt für Aton) erhielt.

Im Laufe des 6. Regierungsjahres richteten sich der König
und die Königin sowie der Hofstaat in der neuen Stadt ein. Der
Umzug war mit großen Neuerungen verbunden, bei denen
Herrscher und Herrscherin vermutlich gemeinsam die treiben-
den Kräfte waren. Es war der Wille Echnatons, alle Menschen
in Achetaton, ja im ganzen Land in eine für alle Zeiten fortbe-
stehende Schicksalsgemeinschaft zu führen. Diese sollte im
Dienste des Gottes Aton stehen und die Menschen durch Religion, Kult und staatliche Aufgaben verbinden. Alle Lebensbe-
reiche sollten neu gestaltet werden, um ein neues Bewusstsein
bei den Untertanen entstehen zu lassen.

Eine besonders wichtige Reform betraf die Schriftsprache. Die
Ägypter bedienten sich beim Schreiben bis dahin immer noch
der klassischen Sprache, die von uns heute als das «Mittelägypti-

sche» bezeichnet wird und sich um 2000 v. Chr. überall im Land
durchgesetzt hatte. Diese klassische Sprache wurde an den Schu-
len gelehrt, in ihr waren alle Schriftstücke abgefasst, ebenso die
weltlichen und religiösen Literaturwerke. Die Umgangssprache
aber hatte sich in den Jahrhunderten danach so stark verändert,
dass die Schriftsprache nun wie eine Fremdsprache im eigenen
Land wirkte. In dieser Situation ordnete Echnaton an, ab sofort
die Umgangssprache auch als Schriftsprache zu verwenden. So
erhob sich Echnaton zum Lehrmeister seines Volkes, das von
nun an in der Lage war, vorgelesene Schriftstücke zu verstehen.
Dieser Umstand hatte natürlich auch eine Bedeutung bei der
Verbreitung der neuen Ideen und Vorstellungen.

In den ersten Jahren, in denen Echnaton von seiner neuen Residenz Achetaton aus das Land regierte, wurde auch die religiöse Reform abgeschlossen. Man kann dafür die Zeitspanne
vom 6. bis zum 9. Regierungsjahr ansetzen. Hatte der König am
Anfang seiner Regierungszeit Aton an die Spitze des Pantheon
gestellt und ihm dann später durch eine ausgeprägte Begünstigung vor allen anderen Gottheiten eine einmalige Sonderstel-
lung eingeräumt, so unterdrückte er nun schrittweise die übrigen Götter und strebte damit zu einer immer vollkommeneren
Reinheit seiner Lehre von Aton. Aus dem Gott «ohne seinesglei-
chen» wurde ein Gott «ohne einen anderen außer ihm». Aus einer religiösen Haltung, welche die Hingabe an nur einen Gott
erstrebte, ohne allerdings andere göttliche Wesen zu leugnen
(Henotheismus), wurde zum ersten Mal in der Geschichte der
Menschheit ein monotheistischer Glaube.

Das Volk hatte keine Möglichkeit, sich diesen Veränderungen
zu widersetzen. Die Religion Echnatons und Nofretetes war
eine Revolution, die von oben, vom Herrscherpaar ausging und
nicht unten in den breiten Schichten des Volkes entstanden war.
Der Aton-Glaube war eine religiöse Erneuerung, die den Untertanen aufgezwungen wurde. Die Menschen hatten sich dem zu
fügen und damit so gut fertigzuwerden, wie es ihnen gerade
möglich war.

3. Die Große Königsgemahlin

Die süße Stimme der Nofretete

Wir kennen etliche Originaltexte aus Amarna, die sich mit der Rolle der Königin Nofretete beschäftigen. Alle diese Aussagen zeigen, dass sie in der neuen Religion als eine Mittler- und Schutzgottheit auftrat. Die Untertanen benötigten ihre Fürbitte, um zum Herrscher zu gelangen, welcher der Sohn Atons und damit allein derjenige war, der ihnen durch seine Gnade ein Fortleben nach dem Tode gewähren konnte.

Ein Loblied auf den Gottessohn Echnaton und zugleich eine besondere Ergebenheitsadresse an den Herrscher ist im Grab des Panehesi (Nr. 6) in Achetaton verewigt. Dieser Panehesi, der die Titel «Erster Diener des Aton in Achetaton», «Vorsteher der Scheunen und Rinder des Aton», «Kronsiegelbewahrer» und «Einzigartiger Gefährte» trug, war eine der wichtigsten Persönlichkeiten in Achetaton. Neben einer prächtigen Dienstvilla (15) bei dem großen Aton-Tempel besaß er ein luxuriöses Privathaus in der Südstadt, in dem er und seine Familie wohnten. Das Loblied lässt in besonderer Weise auch die späteren Aussagen zu Nofretete deutlich hervortreten:

> Preis dir, mein Gott, der mich formte,
> der mir Herrliches bestimmte und der mich entstehen ließ,
> der mir Nahrung gibt und dessen Ka (= unkörperliches Element von
>   Göttern und Menschen, welches Lebenskraft spendet)
> meinen Unterhalt schafft.
> O Herrscher, der mich unter den Menschen schuf,
> der mich in seiner Gunst sein ließ,
> der gibt, dass jedes Auge mich kennt,
> ausgezeichnet bin ich durch Wertschätzung!
> Er ließ mich reich sein, da ich arm war.
> Alle Menschen meiner Zeit küssen den Boden (vor mir),
> denn ich bin ja in der Gunst meines Schöpfers,

und meine Stadt verehrt mich tagtäglich.
Auf Anordnung des Herrn der Maat bin ich groß!
Ich gebe Lobpreis bis zur Höhe des Himmels
und Verehrung dem Herrn der Beiden Länder,
Echnaton, dem Schicksalslenker, der das Leben gibt,
dem Herrn der Gebote.
Licht jeden Landes, durch dessen Anblick man lebt,
Nil der Menschheit, durch dessen Ka man gesättigt wird,
dem Gott, der Reiche hervorbringt und Arme erschafft,
Lufthauch in jeder Nase, denn man atmet nur durch ihn,
für den Ka des «Ersten Dieners des Aton im Tempel des Aton»,
Panehesi.

Hier wird zunächst Echnaton als der Schöpfer und Erhalter des
Lebens geschildert, dem Panehesi jede Gunst verdankt. Im gleichen Grab an der östlichen Wand sind dann der König und die
Königin dargestellt. Sie tragen unterschiedliche Kronen und
bringen Aton, der seine Strahlenarme über sie ausgebreitet hat,
ein Opfer dar. Beide heben ein Zepter empor. In der Beischrift
zu Nofretete heißt es nun:

Regentin von großer Hoheit,
Herrin von Ober- und Unterägypten,
schön an Gesicht,
herrlich zu betrachten mit der hohen Doppelfederkrone,
die das Herz des Königs in seinem Haus erfreut.
Alles, was sie spricht, ist erfreulich.
Die Große Königsgemahlin, die geliebt wird,
die Herrin der Beiden Länder,
Neferneferuaton-Nofretete, sie lebe für immer und ewig.

Die hohe Wertschätzung, welche der Königin entgegengebracht
wird, zeigt sich hier auch in der Doppelfederkrone, die Nofretete trägt.

In einer anderen Szene des Grabes tragen König und Königin
beide die sogenannte Atef-Krone. Diese besteht aus kreisförmig
zusammengeschnürten Pflanzenstängeln, die auf einen Uräenkranz mit Widdergehörn platziert sind. Eigentlich war diese
Krone dem Herrscher des Totenreichs, Osiris, zu eigen. Hier

17 Fragment einer Nofretete-Statue aus rotem Quarzit: Nofretetes linker Arm ist bedeckt von einem dünnen plissierten Kleid. Auf dem Arm sind die beiden Kartuschen mit den Namen des Gottes Aton eingeschrieben. Ehemals Sammlung Kofler-Truniger, Luzern

wird deutlich ausgedrückt, dass Echnaton und mit ihm Nofretete jetzt dessen Rolle übernommen haben. Während der König dem Aton ein Räucheropfer darbringt, hebt die Königin einen Strauß von Lotusblumen, Symbole der Regeneration, in die Höhe. Dazu steht geschrieben:

> Regentin von großer Hoheit, Herrin aller Frauen.
> Wenn sie irgendetwas sagt, dann wird es sofort geschehen,
> die Große Königsgemahlin, die er liebt,
> Neferneferuaton-Nofretete, sie lebe für immer und ewig.

Noch eine weitere Seite ihrer göttlichen Verantwortung zeigt sich hier: Nofretete ist in besonderer Weise für alle Frauen zuständig; sie übernimmt die Funktion der ehemaligen Schicksalsgöttinnen, der sieben Hathoren, die sich bei der Geburt einstellten, um die Zukunft des Neugeborenen zu bestimmen.

Bemerkenswert ist, was im Grab des Panehesi über die Jenseitsvorstellungen der neuen Religion wiedergegeben ist, in der das Reich des Osiris und seine Jenseitswelt verschwunden und durch die Dreiheit Aton, seinen göttlichen Sohn Echnaton und seine göttliche Tochter Nofretete ersetzt sind. Was Leben und Tod nun bedeuten, beschreibt der Grabherr:

> Verehrung dir, lebender Aton,
> der Himmel und Erde erleuchtet durch seinen Aufgang.
> Herr der Ewigkeit, der die ewige Dauer schafft.
> Wenn er erscheint, ist das ganze Land in Freude.
> Seine Strahlen befähigen die Augen,
> zu sehen, was er erschaffen hat.
> Jedermann sagt: Leben ist es, ihn anzuschauen,
> Tod ist es, ihn nicht mehr zu sehen.

Am Südtor der Grabhalle sind kurze Fürbitten aufgezeichnet, die der Besucher für Panehesi sprechen sollte. Diese wenden sich sowohl an den Gott Aton als auch an den König und die Königin. Von Nofretete wird Hilfe erfleht für die Herstellung einer Verbindung zu Echnaton; sie übernahm also die Rolle einer göttlichen Mittlerin, damit die seligen Verstorbenen den Gott Aton schauen konnten:

> Möge sie die Gunst des Königs gewähren in seinem Haus,
> meinem Herrn, der mich formte,
> der mich schuf, der mich entstehen ließ. –
> Die Große Königsgemahlin, Herrin der Beiden Länder,
> Neferneferuaton-Nofretete, sie lebe für immer und ewig,
> möge sie doch erlauben,
> gelobt einzutreten und geliebt herauszugehen
> mit gutem Gedenken beim König.

Immer wieder wird in den Gebeten und Fürbitten der verschiedenen Grabherren auch Nofretete allein angesprochen und auf ihre enge Beziehung zu Aton hingewiesen. Innig wird die Königin darum gebeten, sich jetzt und auch nach dem Tod der Gläubigen dafür einzusetzen, dass sie den Gott Aton für immer schauen dürfen.

Im Grab (Nr. 4) des «Hohepriesters des Aton», Merire, finden sich, ebenso wie im Grab des Panehesi, gleichlautende Anrufungen an Aton und an die Gottestochter Nofretete:

> Verehrung dir, lebender Aton und dir, Große Königsgemahlin,
> die er liebt, die Herrin der Beiden Länder,
> Neferneferuaton-Nofretete, sie lebe für immer und ewig.
> Möge sie doch ein langes Leben gewähren,
> um deine Vollkommenheit anzuschauen,
> um dich ohne Unterlass täglich zu sehen.

An anderer Stelle aber unterscheiden sich die Texte in den beiden Gräbern in bemerkenswerter Weise: Während Merire Echnaton anfleht, setzt Panehesi in seinem Gebet die Namen der Königin ein, woraus sich die vergleichbare religiöse Bedeutung von Echnaton und Nofretete erschließt.

> Anbetung deinem Ka, o Neferneferuaton-Nofretete,
> sie lebe für immer und ewig.
> Möge sie doch gewähren,
> dass ich Opfer empfange von den Libationen und Gaben,
> die aus dem Aton-Tempel kommen.

Ein weiterer Unterschied besteht noch darin, dass Merire sich auf den gesamten Aton-Tempel bezieht, Panehesi jedoch auf den Hut-Benben-Tempel.

Im Grab (Nr. 14), das Maja, dem «General» und «Wedelträger zur Rechten des Königs», gehört, kann man zu Nofretete lesen:

> Ein Opfer, das der König gibt für die Große Königsgemahlin,
> die er liebt, die Herrin der Beiden Länder,
> Neferneferuaton-Nofretete, sie lebe für immer und ewig.
> Möge sie doch ihre Gnade gewähren, beständig und dauernd,
> während ihre Glieder mit Freude erfüllt sind.
> Das ist es, was sie geben möge
> dem Ka des Gefolgsmanns des Königs in seinem herrlichen Flaggschiff,
> frei schreitend hinter dem Herrn der Beiden Länder,

dem Vorsteher aller Arbeiten des Königs,
dem «Wirklichen Königlichen Staatssekretär», den er liebt, Maja.

Die einleitende Phrase «Ein Opfer, das der König gibt (für den Gott N. N.) ...», die Maja hier gewählt hat, ist der Beginn einer altägyptischen rituellen Opferformel. Hier wird wieder erkennbar, dass Nofretete als Göttin angesprochen wird. Diese Formel erscheint auch in einem weiteren Gebet, das die Fürbitte im Grab des Panehesi zu wiederholen scheint:

> Ein Opfer, das der König gibt für die Große Königsgemahlin,
> Herrin der Beiden Länder, die er liebt,
> Neferneferuaton-Nofretete, sie lebe für immer und ewig.
> Möge sie doch gewähren,
> gelobt einzutreten und geliebt herauszugehen,
> in Freude zu leben in Achetaton,
> dem Ka dessen, den der König begünstigt hat,
> als er noch ein Kind war und auch, nachdem er in Ehren alt geworden ist.
> Der «Wedelträger zur Rechten des Königs»,
> der «Wirkliche Königliche Staatssekretär», Maja, der Gerechtfertigte.

Maja verwendet eine ähnliche Beschreibung der Königin, wie wir sie im Grab des Panehesi vorfinden:

> Regentin, die groß ist im Palast,
> schön an Gesicht,
> herrlich anzusehen mit den beiden Doppelfedern.
> Der lebende Aton liebt sie.

Ipi, der Neffe des Wesirs Ramose, stieg in Achetaton zum «Vorsteher des großen Harems des Pharao» und zum «Staatssekretär» auf. In seinem Grab (Nr. 10) in Amarna ist Nofretete dargestellt, wie sie dem Aton ihr eigenes Bild überreicht. Im beigeschriebenen Text heißt es:

> Regentin, mit großer Huld,
> Liebliche, die mit Freude erfüllt,
> Atons Aufgang überhäuft sie mit Gunst,

denn er ist überglücklich durch ihre Güte.
Die Große Königsgemahlin, die er liebt,
Herrin von Ober- und Unterägypten,
Herrin der Beiden Länder, Neferneferuaton-Nofretete.
Sie lebe für immer und ewig.

Auch hier finden sich am Eingang des Grabes die Bitten des verstorbenen Ipi, auch er erfleht von Nofretete das immerwährende Schauen Atons:

Anbetung dir, lebender Aton,
mögest du ihr (Nofretete) eine Ewigkeit an Leben spenden,
der Großen Königsgemahlin, die er liebt,
der Herrin der Beiden Länder, Neferneferuaton-Nofretete.
Sie lebe immer und ewig.
Möge sie doch zuteil werden lassen, Aton zu schauen in Achetaton
dem Ka des «Vorstehers des Hauses», Ipi.

Während alle diese Formulierungen weitgehend standardisierte Aussagen über Nofretete, ihre Göttlichkeit und ihre Nähe zu Aton an der Seite Echnatons bilden, geht der Text im Grab des Königlichen Schwiegervaters Aja darüber deutlich hinaus:

Die gesamte Zahl der Berge, gewogen mit der Waage,
dazu die Federn der Vögel und die Blätter der Bäume
(sollen) den Jubiläen des Königs Waenre (Echnaton) gleich sein,
wahrlich in Ewigkeit.
Der immerwährende König und die Große Königsgemahlin, die er
      liebt,
vereint ist er mit ihrer Schönheit.
Sie, die Aton mit ihrer süßen Stimme zufriedenstellt
und in ihren lieblichen Händen die Sistren hält,
die Herrin der Beiden Länder, Neferneferuaton-Nofretete.
Sie lebe für immer und ewig.
Sie bleibe zur Seite des Waenre für immer und ewig,
dauerhaft wie der Himmel und das, was in ihm ist.
Dein Vater Aton, er geht am Himmel auf,
und er gibt sich dir tagtäglich zu erkennen ...

Nach den einleitenden Sätzen dieses Gebettextes, in denen wie üblich auch auf die Verbundenheit Echnatons mit Nofretete

18   Das gegen die
Schreibrichtung gedrehte
«Schilfblatt» im Namen
des Gottes Amun auf der
Statue des Aanen

hingewiesen wird, steht eine an anderer Stelle nicht verwendete,
bemerkenswerte Kennzeichnung Nofretetes: «Sie, die Aton mit
ihrer süßen Stimme zufriedenstellt».

Dieser Gedanke korrespondiert in auffälliger Weise mit einem
Satz, der auf der Turiner Statue ihres Onkels Aanen erscheint: Er
sei einer, so stellt er fest, «der die Götter mit seiner Stimme beru-
higt». Beide, Aanen und Nofretete, besaßen also die Fähigkeit,
allein mit dem Klang ihrer Stimme einen Gott zu beruhigen.
Dies ist eine auffällige religiöse Gemeinsamkeit und zeigt einmal
mehr den Einfluss des Aanen auf seine nähere Umgebung.

Eine weitere Entsprechung ist von ganz anderer Art, sie zeigt
sich in einer atypischen und gänzlich singulären Schreibweise
der Hieroglyphe «Schilfblatt», die allerdings nicht regelmäßig,
sondern nur unter bestimmten Umständen eingesetzt wird.
Während die Hieroglyphen einer Inschrift immer einer bestimmten Richtung folgen, erscheint auf Aanens Turiner Statue
nur der Name des Gottes Amun im Königsring Amenophis' III.
mit einer gegen die Schriftrichtung gedrehten Hieroglyphe
«Schilfblatt». Genau diese Eigenart übernimmt Nofretete in ihrem Kartuschennamen «Neferneferuaton», in welchem das
«Schilfblatt» den Namen Atons einleitet. Auch hier ist die Hieroglyphe «Schilfblatt» entgegen der Schriftrichtung gedreht, sodass sich die Hieroglyphe gleichsam wie ein Großbuchstabe ab-
hebt und zu einer besonderen Akzentuierung des Gottesnamens

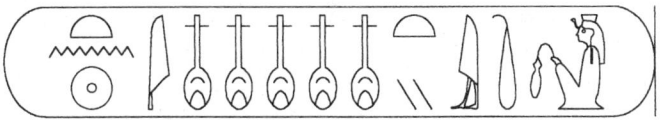

19 Im Namen der Königin Nofretete wird der Gott Aton ebenfalls mit dem verdrehten „Schilfblatt" geschrieben.

«Aton» führt. Der Grund für diese absolut einmalige Schreibart, die sich nur bei Aanen und Nofretete findet, ist uns nicht bekannt. Man darf aber vielleicht auch aus diesen auffälligen Berührungspunkten schließen, dass Aanen zu den geistigen Wegbereitern der neuen Religion gehört haben muss.

Königin Nofretete hatte in den Regierungsjahren 6 bis 9 drei weiteren Töchtern das Leben geschenkt: Die erste, die in Achetaton geboren wurde, erhielt ihren persönlichen Kartuschennamen «Neferneferuaton» (= Der Vollkommenste ist Aton) mit dem Zusatz «tascherit» (= Die Kleine). Auch die beiden nächsten Mädchen bekamen Namen, die bisher unüblich gewesen waren und Aussagen zur neuen Religion beinhalteten: «Neferneferure» (= Der Vollkommenste ist Re) und «Setepenre» (= Auserlesen von Re).

Die Herrschaft des Lichts

Vermutlich im 9. Regierungsjahr kam es zur Vollendung der theologischen Revolution, die mit einem Namenswechsel des Aton eingeleitet wurde: Der Gottesname Harachte (= Horizontischer Horus) wurde aus der Titulatur entfernt und durch den Begriff «Herrscher der Horizonte» ersetzt, so dass die beiden programmatischen Gottesnamen in den Kartuschen jetzt folgendermaßen lauteten: «Es lebe Re, der Herrscher der Horizonte, der im Lichtland jubelt, in seinem Namen ‹Re-Vater›, der als Aton kommt». Der neue Name des Gottes zeigt die Tendenz zu einer zunehmend abstrakten Form der neuen Religion. Gleichzeitig wird die Vater-Sohn-Beziehung zwischen Aton und Echnaton stark hervorgehoben und die altehrwürdige Erscheinungsform des Sonnengottes, nämlich die Falkengestalt, endgültig beseitigt. Um das Andenken an die früheren Götter zu tilgen, setzte bald danach deren regelrechte Verfolgung ein: Kolonnen von Steinmetzen wurden durch das ganze Land geschickt, um bis nach Nubien hinein vor allem das Abbild und den Namen des verfemten Gottes «Amun» auszuhacken. Ein besonderes Ziel dieser Gewalttätigkeiten bildeten seine Tempel in Karnak und Luxor, in denen das Wort sogar auf der Spitze von Obelisken und im früheren Namen des Königs getilgt wurde. Aber auch andere Götter waren von der Verfolgung betroffen, selbst die Pluralschreibung «die Götter» wurde mitunter gelöscht.

Durch zwei Meisterwerke der Hymnenliteratur, den «Großen Sonnengesang» und den «Kleinen Sonnengesang», von denen man annimmt, dass sie von Echnaton selbst verfasst wurden, erhalten wir unmittelbare Einsichten in das neu geformte Wesen Atons, eines universalen Gottes, der sich um seine Schöpfung, die Menschen und alles Leben auf Erden kümmerte. Als ein Gott der Liebe umspannte er alle Länder der Welt. Der Stifter dieser neuen globalen Religion aber war Echnaton, der Pharao Ägyptens.

Den «Großen Sonnengesang», aus dem schon einige Auszüge wiedergegeben wurden, kennen wir nur aus einer einzigen Quelle: Das berühmte Literaturwerk wurde in dreizehn langen Zeilen im Grab des «Gottesvaters» Aja (Nr. 25) aufgezeichnet und zuerst von Urbain Bouriant (1849–1903) kopiert und 1884 publiziert. Leider zerstörten Einheimische im Jahr 1890 ein Drittel des Originals. Der «Kleine Sonnengesang» ist dagegen aus mehreren leicht variierenden Texten, die sich in den Gräbern von Achetaton fanden, bekannt.

Leitgedanke beider Hymnen ist der Lobpreis Atons, des Schöpfers und Erhalters der Welt. Echnaton erklärt darin die Entstehung des Menschen und der Natur aus einem einzigen Prinzip, nämlich aus der Kraft des Lichts. Seine Lehre eines weltumspannenden Monotheismus beinhaltet religiöse Aussagen, die einer Naturphilosophie nahestehen: «Du bist die lebende Sonne, die unendliche Dauer ist dein Abbild», heißt es im «Kleinen Sonnengesang». Hier werden bereits im 14. vorchristlichen Jahrhundert Gedanken über Zeit und Raum geäußert, wie sie die Philosophie und die Naturwissenschaften des Abendlandes erst viel später formulierten.

Echnaton benutzte neue und revolutionäre Bilder, wenn er seinen Gott in den Hymnen beschrieb. Da die alten Götter und ihre Namen entfielen, finden wir darin keine mythischen Vorstellungen mehr, wie sie früher die Hymnik des Alten Ägypten ausgezeichnet hatten. Sie sind vielmehr durch Bilder aus der Natur ersetzt, die den heutigen Leser ganz besonders ansprechen, für den Ägypter damals aber höchstwahrscheinlich nicht die gleiche Bedeutung wie die bisher so vertrauten Mythen hatten. Die Bereiche Nacht und Tod, die in allen übrigen religiösen Dichtungen des Nillandes voll von göttlichen Gestalten waren, werden hier zudem nur knapp als dem Sonnengott feindlich berührt.

Das tiefste Wesen des Aton aber offenbarte sich ausschließlich dem König, «denn es gibt keinen anderen, der dich kennt»; nur Echnaton wusste um die Forderungen und Gebote seines Gottes. Im «Kleinen Sonnengesang» werden die neuen religiösen Thesen gedrängter formuliert als im «Großen Sonnengesang»:

Lobpreis dem «Es lebe Re, der Herrscher der Horizonte, der im
   Lichtland jubelt, in seinem Namen ‹Re-Vater›,
der als Aton kommt» (= der neue Name des Gottes),
der Leben gewährt für immer und ewig durch den König,
der von Maat lebt,
der Herr der Beiden Länder Nefercheperure-waenre,
der Sohn des Re, der von Maat lebt,
der Herr der Kronen, Echnaton,
dessen Lebenszeit lang ist,
mit Leben beschenkt für immer und ewig.
Schön erscheinst du, du lebendige Sonne,
Herr der unendlichen Dauer!
Du bist glänzend, du bist schön, du bist stark,
und die Liebe zu dir ist groß und gewaltig.
Deine Strahlen erhellen alle Gesichter,
und die Herzen belebt deine leuchtende Gestalt.
Mit der Liebe zu dir hast du die Beiden Länder erfüllt.

Erhabener Gott, der sich selbst formte,
der jedes Land schuf und das hervorbrachte, was in ihm ist,
alle Menschen, Herden und Wild,
alle Bäume, die auf Erden wachsen.
Sie leben, wenn du für sie aufgehst.
Mutter und Vater bist du für sie, die du geschaffen hast.
Ihre Augen sehen durch dich, wenn du erscheinst.
Deine Strahlen haben das ganze Land erhellt,
und jedes Herz jauchzt bei deinem Anblick,
denn du bist als ihr Herr erschienen.
Wenn du untergehst im Westhorizont des Himmels,
dann schlafen sie wie im Zustand des Todes.
Ihre Köpfe sind verhüllt und ihre Nasen verstopft,
bis dass dein Aufgehen im Osthorizont des Himmels
am Morgen wieder geschieht.
Ihre Arme lobpreisen deine Schöpferkraft,
denn du belebst die Herzen mit deiner Schönheit,
man lebt, weil du deine Strahlen gibst.
Alles Land ist im Fest.
Die Musikanten und Sänger jubeln vor Freude
im Hof des Obeliskentempels
und in jedem Gotteshaus von Achetaton,
in der Stätte der Wahrheit, mit der du zufrieden bist.
Speisen werden geopfert in ihrem Innern.
Dein vollkommener Sohn tut das, was du lobst,
du lebender Aton in seinen Erscheinungen!
Alles, was du erschaffen hast, tanzt vor deinem Angesicht!
Das Herz deines erlauchten Sohnes jubelt vor Freude,
o lebende Sonne, die zufrieden am Himmel ist Tag für Tag.
Sie bringt ihren erlauchten Sohn hervor, den Einzigen des Re,
in der ihr eigenen Art ohne Unterlass.
Der Sohn des Re, der dessen Vollkommenheit verherrlicht,
Nefercheperure-waenre.
Ich bin dein Sohn, der dir hilfreich ist
und deinen Namen erhebt.
Deine Kraft und deine Stärke sind fest in meinem Herzen.
Du bist die lebende Sonne,
die unendliche Dauer ist dein Abbild.
Du hast den Himmel fern gemacht, um an ihm aufzugehen,
um alles anzuschauen, was du geschaffen hast.

Du bist einzig, aber Millionen Leben sind in dir,
um sie (die Schöpfung) zu beleben.
Lebensodem für die Nase ist das Schauen deiner Strahlen!
Alle lebenden Blumen, die auf Erden wachsen,
gedeihen bei deinem Aufgang,
sie sind trunken vor deinem Angesicht.
Alles Wild tanzt auf seinen Füßen,
alle Vögel in ihren Nestern fliegen vor Freude auf,
und ihre Flügel, die geschlossen waren,
breiten sich aus in Lobpreis für die lebende Sonne,
ihren Schöpfer.

Diese Naturverbundenheit erinnert eindrücklich an den *Sonnengesang* des Franz von Assisi (1181–1226). Auch dort stehen die Natur und Gott, der sie geschaffen hat, im Mittelpunkt der Dichtung:

Gelobt sei,
Du mein Herr mit allen Deinen Geschöpfen,
voran die edle Schwester Sonne,
die uns den Tag heraufführt
und Licht mit ihren Strahlen spendet,
prächtig aufsteigt und strahlt in herrlichem Glanze:
Dir zum Gleichnis, Erhabener.

Wie der «Große Sonnengesang» verdeutlicht auch der kleine Aton-Hymnus die Stellung, die Echnaton in der neuen Religion einnahm: Der König war leiblicher Gottessohn, und sein Vater Aton erschloss sich allein ihm. Nur Echnaton wusste um die Pläne und Wünsche des einzigen Gottes; auf diese Weise kam ihm eine ungeheure Machtfülle zu. Nofretete aber war es, die das weibliche Element der göttlichen Dreiheit verkörperte. Den leeren Raum, den das Verschwinden der alten religiösen Mythen hinterlassen hatte, füllte die königliche Familie: Echnaton und Nofretete mit ihren Kindern. Aton, der der Gott der Liebe war, sorgte sich ohne Unterlass und mit Hingabe um seine Schöpfung, Echnaton und Nofretete aber lebten ihren Gläubigen vor, wie sie diese Liebe des Aton auf Erden umsetzten. Sie pflegten einen innigen Umgang miteinander, indem sie sich um-

20　Die Königsfamilie unter der Strahlensonne Atons, dargestellt auf einem Hausaltar aus Achetaton. Ägyptisches Museum Berlin

armten, herzten und küssten. Gefühlsregungen wurden dabei auffällig und gewollt zur Schau gestellt.

Diese Bilder der königlichen Familie unter der Strahlensonne des Aton fanden sich auch auf den kleinen Hausaltären, vor denen die Untertanen nun ihre Andachten hielten. Ein solcher Hausaltar durfte wohl in keinem Haus in Achetaton fehlen. Erwähnenswert ist in diesem Zusammenhang ein Verehrungsbild, das sich heute im Ägyptischen Museum Berlin (ÄM 14145) befindet und ein Dokument der einmaligen Stellung Nofretetes im Herrschaftsgefüge Ägyptens darstellt. Darauf ist es Nofretete, die auf der rechten Seite auf dem königlichen Thron sitzt, der mit den verknüpften Wappenpflanzen von Ober- und Unterägypten gekennzeichnet ist, während links der König auf einem Stuhl Platz genommen hat.

Macht über die Geschwindigkeit

Auch die Stadt Achetaton dokumentierte in ihrer ganzen Anlage und Ausschmückung die Herrschaft der göttlichen Triade Aton-Echnaton-Nofretete. Neben Darstellungen der königlichen Familie unter der Strahlensonne tritt dabei ein Bildtypus auf, der völlig neuartig und in früheren Reliefs nicht zu belegen ist. Hier wird die Geschwindigkeit, eigentlich ein abstrakter Begriff, in eine möglichst realistische Form der Darstellung gebracht, die zugleich auf die Allgegenwart des Königspaares weist und damit den Unterschied zu Aton ausgleicht.

So ist im Grab (Nr. 4) des «Hohepriesters des Aton», Merire, und seiner Frau Tener auf der Westseite der Grabhalle ein Reliefbild zu sehen, auf dem Echnaton in einem leichten zweispännigen Wagen dahinstürmt. Ihm folgt die Königin in einem gleichartigen Gefährt, das ebenfalls von zwei galoppierenden Pferden gezogen wird. Nofretete hält die Peitsche fast lässig in der linken Hand, in der rechten die zur Schlaufe gebündelten Zügel. Die Kronenbänder des Königspaares flattern im Wind. Weder Echnaton noch Nofretete lassen bei ihrer rasenden Fahrt irgendeine körperliche Anstrengung erkennen, sie lenken die Wagen offenbar völlig mühelos, während über ihnen Aton als Strahlensonne seine Arme ausbreitet.

Im krassen Gegensatz zu der Leichtigkeit, mit der das Königspaar in seinen Wagen dahinfliegt, steht etwa die Galoppfahrt einer nichtköniglichen Person: Auf einem Relief im Brooklyn Museum New York (60.28), wird der große körperliche Krafteinsatz des Wagenlenkers sehr anschaulich hervorgehoben.

Nur sechs originale Wagen dieser Art haben die Zeiten überdauert. Ihre zwei Räder mit je sechs Speichen besitzen eine gute Stabilität und sind im Abstand von etwa 1,50 Metern auf eine verschleißfeste Achse montiert. Der Wagenkorb mit einem Boden aus Ledergeflecht, das als Federung und Stoßdämpfer diente, bot zwei Personen Platz. Die Deichsel ist mit dem Korb verbunden und endet am vorderen Ende in einem doppelten Joch, in das zwei Pferde eingespannt werden konnten. Das Gewicht des Gefährts war gering: Es wog nur ungefähr 30 Kilogramm.

Gleichartige Bildtypen finden sich auch im Grab des Panehesi (Nr. 6), wo König und Königin, wie immer unter der Strahlensonne, auf ihren vergoldeten Wagen hintereinander herjagen, oder auch im Grab des Polizeichefs Mahu (Nr. 9). Hier ist der im Galopp seiner Pferde dahinfliegende Königswagen gleich zweimal abgebildet, und zwar einmal nach rechts und einmal nach links ausgerichtet. In dem nach links gerichteten Streitwagen sind Echnaton und Nofretete mit der Prinzessin Meritaton abgebildet. Der vorne sitzende König hält die Zügel der galoppierenden Pferde ruhig in der Hand und schaut dabei noch nach hinten zur Königin. Die kleine Prinzessin Meritaton beugt sich über ein Gehäuse für Pfeil und Bogen und versucht, mit einem Stock die Pferde zu noch mehr Schnelligkeit anzutreiben.

Auch in der zweiten, nach rechts gerichteten Darstellung stürmen die Pferde unter Atons Sonne dahin: Diesmal jedoch steht Nofretete vorn, sie wendet sich zurück zu Echnaton, der die Zügel in der Hand hält. Schon in dieser Austauschbarkeit der Sitzplätze zeigt sich wieder der hohe Rang, den Nofretete in der neuen Vorstellungswelt einnimmt. Auch hier war Meritaton abgebildet, doch ist das Bild heute leider so zerstört, dass sie nicht mehr zu sehen ist. In der noch erhaltenen Beischrift heißt es jedoch: «Die wirkliche Königstochter, die er liebt, Meritaton, geboren von der Großen Königsgemahlin Neferneferuaton-Nofretete, sie lebe für immer und ewig.»

Entsprechende Motive finden sich auch in anderen Gräbern in Amarna; als wichtiges Element sticht dabei immer die Geschwindigkeit hervor, die in flatternden Bändern und im gestreckten Galopp der Pferde sichtbar gemacht wird.

Alle diese Darstellungen werden im Allgemeinen als Besichtigungs- oder Inspektionsreisen oder als Fahrten vom Palast zum Tempel gedeutet. Man hat es also, so scheint es zunächst, mit Szenen aus dem königlichen Alltag zu tun. Doch die Bildzyklen der Bewegung vermitteln vor allem Zeit und Geschwindigkeit als das Grundgesetz einer energiegeladenen, immerwährenden Gegenwart, als auslösendes und treibendes Moment. Während Aton seinen Lauf über den Himmel von Osten nach Westen führt, schaut er allgegenwärtig auf die ganze Welt. Echnaton

21 Nofretete, Echnaton und Prinzessin Meritaton stürmen ohne Anstrengung auf dem Streitwagen dahin. Zeichnung nach einem Relief im Grab des königlichen Schreibers Ahmose

und Nofretete dagegen haben die Stadt Achetaton und ihre Straßen hauptsächlich von Süden nach Norden ausgerichtet, sodass ihre Wagenfahrten vorwiegend in dieser Richtung unternommen worden sein müssen. Die ‹Bilder der Geschwindigkeit› komplettieren damit die Herrschaft der göttlichen Triade in allen Himmelsrichtungen. In der zweiten Serie der Grenzstelen heißt es: «Seine Majestät erschien mit einem Pferdegespann auf einem großen Wagen aus Elektron wie Aton, wenn er am Horizont aufgeht und die Beiden Länder mit seiner Liebe erfüllt.»

Auch in der Palastmalerei ist dieses Thema herausgearbeitet. In der nördlichen königlichen Residenz konnten John Pendlebury und sein Zeichner Ralph Lavers in den Jahren 1931/32 Freskofragmente wieder zu einem Wandgemälde zusammenführen. Dargestellt sind zwei hintereinander galoppierende Wagengespanne unter der Strahlensonne Atons, das vordere lenkt Echnaton, das hintere Nofretete.

Bemerkenswert ist, dass die flatternden Kronenbänder von
König und Königin, die ihre rasende Wagenfahrt und damit ihre
Allgegenwart dokumentieren, in der Amarna-Zeit geradezu zu
einem festgelegten Bild, zu einem Topos, werden und als Ausdruck der Geschwindigkeit nicht nur bei der Abbildung von
Wagenfahrten, sondern auch bei Darstellungen von Szenen innerhalb von Wohnräumen und im Tempel erscheinen. So zeigt
der schon erwähnte Berliner Hausaltar (ÄM 14 145) eines Beamten aus Achetaton das unter dem Strahlenaton sitzende
Königspaar, dessen Kronenbänder fliegen, als wäre es in einer
raschen Bewegung wiedergegeben. Die göttliche Triade demonstriert so in einer eigentlich entspannten, ruhigen und liebevollen
Familienszene ihre Macht über die Geschwindigkeit. Auch im
Grab des Ipi (Nr. 10) ist das vor dem Altar opfernde Königspaar
mit fliegenden Bändern dargestellt. Und im Grab des «Kammer-
herrn» Tutu (Nr. 8) ist die Ritualrede eines wartenden Wagenlenkers aufgezeichnet, welche die Vorstellung von einer immerwährenden Anwesenheit des Königs ohne räumliche Grenzen
unterstreicht:

> Schön (ist er) wie Aton, der, der ihn erzeugte,
> Nefercheperure-waenre, der die Menschheit geschaffen hat
> und die jungen Generationen hervorbrachte,
> dauernd wird er sein wie der Himmel, wenn Aton in ihm ist.

Im «Großen Sonnengesang» heißt es vom göttlichen Aton:

> Bist du auch fern, deine Strahlen sind auf Erden,
> du scheinst auf ihre Gesichter,
> aber unerforschlich ist dein Lauf ...
> Den Himmel hast du fern gemacht, um an ihm aufzugehen,
> um alles schauen zu können, was du geschaffen hast.
> Einzig bist du, wenn du aufgegangen bist,
> in all deinen Bildern als lebendiger Aton.

Wie also Aton bei seinem Lauf um die Erde alles erschaut, was
dort geschieht, so lässt die Geschwindigkeit der rasenden Fahrt
auch den König und die Königin selbst alles erschauen und stellt
sie damit neben ihren allgegenwärtigen Gott.

Das prächtige Gemälde der königlichen Familie

Die Malerei stand in Ägypten immer im Schatten der Relief-kunst. Erst unter Thutmosis IV., dem Großvater Echnatons, er-reichte sie einen Höhepunkt und brachte in Privatgräbern dieser Zeit herausragende Werke hervor, für die es vorher keinerlei Vorbilder gegeben hatte. Bewusst wagten die Künstler einen Neuanfang. In der Regel verzichteten sie jetzt auf Vorzeichnun-gen, welche ihre Phantasie und Ausdrucksmöglichkeit einge-schränkt hätten, und so entstanden in skizzierender Pinseltech-nik Bilder von erstaunlicher räumlicher Wirkung – ein Bruch mit den Malwerken der Vergangenheit. Die künstlerische Meister-schaft, die dabei erreicht wurde, ist einzigartig. Frei von den bis-herigen Zwängen der Grabdekoration konnten die Künstler nun ihren eigenen Intentionen folgen. Mit reicherer Farbpalette wa-ren die Gemälde fortan ausschließlich zur Ausschmückung von Palästen und Wohnungen der Hauptstadt gedacht. Ausgeführt wurden sie in A-secco-Technik mit deckenden Wasserfarben, die mit Bindemitteln nach dem Trocknen eine dem Pastell ähnliche Wirkung erzielten. Vermutlich sind die Schöpfer der neuen Ma-lerei in der Gruppe der Bildhauer von Amarna zu suchen, die oft auch glänzende Zeichner und Maler waren.

Zweifellos die schönste Malerei, die man aus dem Alten Ägypten kennt, stammt aus dem privaten Wohnraum des Herr-schers. Dieser intime Bereich im «Haus des Königs» war eigent-lich ausgesprochen bescheiden angelegt und in Größe und Lu-xus nicht mit den Villen manch hoher Beamter zu vergleichen. Dort nun fand der englische Archäologe William Matthew Flin-ders Petrie (1853–1942) bei seinen Ausgrabungen 1891/92 ein herrliches Wandgemälde, das Echnaton und Nofretete mit den Prinzessinnen darstellt, ein Familienbild von höchster Qualität. Nachdem das Meisterwerk zunächst nur in zwei größeren Frag-menten überdauert hatte, wurden später noch zahlreiche kleine und kleinste Bruchstücke gefunden, mit denen die ganze Bild-komposition – nicht zuletzt durch die Arbeit von Fran Weather-head – wieder rekonstruiert werden konnte. Das Fresko ist wohl kaum vor dem 10. Regierungsjahr Echnatons entstanden.

22 Zwei Königstöchter sitzen zu Füßen ihrer Mutter, Ausschnitt aus dem meisterhaft gemalten Familienbild. Ashmolean Museum Oxford

Auf den zwei sich ergänzenden Fragmenten (40 x 165 cm) sieht man links die Prinzessinnen Neferneferuaton-tascherit und Neferneferure auf ihren gestickten Kissen sitzen. Rechts oben erkennt man den mit einer Sandale versehenen Fuß der Mutter. Die beiden zarten Mädchengestalten sind nackt, nur geschmückt mit goldenem Ohrgehänge und Perlenhalsschmuck sowie verschiedenfarbigen Armbändern, die Finger- und Fußnägel sind gefärbt. Mit Hilfe von unterschiedlicher Farbtönung wird eine ganz ungewöhnliche Plastizität der Körper erreicht. Die Schwestern schauen einander an, die ältere krault die jüngere am Kinn, während diese den linken Arm auf die rechte Schulter der größeren Schwester gelegt hat. Nie sind in der ägyptischen Kunst – in geradezu expressionistischer Manier – Kinder zugleich königlicher und kindlicher gemalt worden. Nur die Gesichter der Mädchen und der weit ausladende Hinterkopf haben nichts Kindliches mehr, sondern zeigen die Züge reifer Frauen.

Neben den beiden Schwestern stehen drei weitere Königstöchter, nämlich in der Mitte Meritaton, links davon Maketaton und rechts Anchesenpaaton. Die ebenfalls nackt dargestellten Prinzessinnen werden von der Hand der Mutter eng an ihr Knie gedrückt. Rechts erkennt man die mit Sandalen versehenen Füße Echnatons, der auf einem gepolsterten Sessel sitzt. Links hat Nofretete auf einem Kissen Platz genommen; sie hält den Säugling Setepenre auf dem Schoß. Meritaton aber streckt ihren rechten Arm zur Mutter hin, wobei ihre Finger ein Händchen von Setepenre berühren.

Ein weiterer Teil der Malerei, welcher das Gesicht der Königin zeigt, ist ebenfalls erhalten geblieben und lässt die Schönheit Nofretetes erahnen. Eine Säule am linken Rand des Bildes trug, wie durch ein Fragment belegt, ursprünglich auch eine Inschrift mit ihrem Namen. Hinter der Säule steht ein Diener in ehrfurchtsvoller, tiefer Verbeugung (Ashmolean Museum Oxford, 1893.1–41).

Der Unterschied zu früheren königlichen Bildnissen zeigt sich in dieser bezaubernden Malerei sehr deutlich. Hier wird in einer entzückenden Familienszene der neuen geistigen Haltung und Atons Religion der Liebe Ausdruck verliehen.

Achetaton: Hauptstadt in glanzvoller Zeit

Obwohl Echnaton nachweislich Ägypten nie verlassen hat, sah er doch immer auch über die Grenzen seines Landes hinaus. So kam es in Nubien unter seiner Herrschaft, einerseits zu Ehren Ägyptens, andererseits vor allem als eindeutige Machtdemonstration, zu einer regen Bautätigkeit.

Nahe dem Zweiten Nilkatarakt fanden englische Archäologen in der zweiten Hälfte des 20. Jahrhunderts drei große Teilstücke und ein kleineres Fragment einer Siegesstele, die im Tempel von Buhen verbaut worden waren. Datiert sind die Bruchstücke auf das 12. Regierungsjahr Echnatons. In der Inschrift wird von dem kriegerischen Aufstand eines nubischen Stammes berichtet: «Seine Majestät war in Achetaton, als man kam, um ihm zu melden: Die Feinde vom Lande Jket sinnen auf Aufruhr gegen Ägypten.» Dieses Land Jket ist identisch mit dem Wadi Allaqi in Nubien, wo sich eine ägyptische Goldgräbersiedlung befand. Aufgrund seiner Lage bot es den Nomaden aus der Ostwüste reichlich Möglichkeiten zu Überfällen.

Nach der Nachricht von den nubischen Unruhen beauftragte Echnaton den Vizekönig Thutmosis mit der Niederschlagung des Aufstands. Auf der Siegesstele heißt es: «Jket war angeberisch in seinem Herzen, aber der wilde Löwe, der Herrscher, er hat sie gemordet auf Befehl seines Vaters Aton, in Tapferkeit und Stärke.»

Insgesamt hatte der Feind etwa 500 Kämpfer aufgebracht, aber 370 Nubier, Männer, Frauen und Kinder, kamen bei dem Angriff der ägyptischen Truppen ums Leben oder mussten sich ergeben und in Gefangenschaft gehen. Echnaton und Nofretete, die Stifter der Religion der Liebe, hatten entschlossen und brutal zurückgeschlagen. Die Rädelsführer wurden grausam gepfählt oder, wie ein Relief aus Achetaton zeigt, gefesselt an den Streitwagen gebunden und zu Tode geschleift. Dieser Umstand beweist, dass Echnaton und Nofretete keine Träumer oder Phantasten waren, sondern gezielt die militärische Macht, die in ihren Händen lag, einsetzten.

Wenige Monate später brachte das 12. Regierungsjahr einen Höhepunkt in Echnatons Außenpolitik. In der Residenzstadt Achetaton trafen ausländische Gesandte ein, um dem Herrscherpaar Handelsprodukte ihrer Länder als Tribut zu überreichen. Von diesem Ereignis besitzen wir eindrucksvolle Bilddarstellungen in zwei Felsgräbern von Amarna. Das eine Grab gehörte Huja, dem Haushofmeister der Königinmutter Teje (Nr. 1), das andere Merire, dem Haushofmeister von Nofretete (Nr. 2), der jedoch nicht identisch mit dem gleichnamigen «Hohepriester des Aton» ist.

Das außergewöhnliche Fest wird in den Darstellungen in beiden Gräbern lebendig geschildert. Selbst die Halle, in der der Empfang stattfand, ist uns überliefert: Die ausländischen Delegationen erhielten Audienz in jenem Pavillon, der in die nördliche Umfassungsmauer des großen Aton-Tempels eingebaut war. Echnaton und Nofretete thronten unter einem Baldachin, hinter den königlichen Eltern standen die sechs Prinzessinnen. Hohe Würdenträger des Staates stellten dem Königspaar die einzelnen Abordnungen der Länder vor, welche in demutsvoller Haltung näher traten. Der Empfang wurde mit Paraden und Kampfspielen umrahmt, um den Fremden die Macht Ägyptens beeindruckend vor Augen zu führen. Im Grab des Huja befindet sich eine Beschreibung des Festes:

Es erschienen der König von Ober- und Unterägypten, Nefercheperure-waenre und die Große Königsgemahlin Neferneferuaton-
Nofretete, sie lebe für immer und ewig, auf dem großen Tragsessel aus
Elektron, um die Gaben von Syrien und von Kusch, vom Westen und
vom Osten zu empfangen. Alle Fremdländer waren zugleich versam-
melt, auch die Inseln des Mittelmeeres brachten dem König auf dem
großen Thron von Achetaton Abgaben, damit ihnen für das Entge-
gennehmen des Tributs der Lebenshauch gegeben werde.

Im gleichen Jahr oder zu Beginn des folgenden fand in Amarna
ein Familienfest statt, das wir ebenfalls aus den Grabbildern des
Huja kennen. An dieser Feier nahm auch die Königinmutter
Teje mit ihrer jüngsten Tochter, der Prinzessin Baketaton, teil.
Das königliche Bankett fand im Palast statt. Auf den Reliefs
sieht man, wie Echnaton und Nofretete links auf ihren Thron-
sitzen Platz genommen haben. Dort sitzen auf kleinen Stühlen
auch die Prinzessinnen Meritaton und Maketaton. Die Königsmutter Teje und ihre Tochter Baketaton sitzen auf der rechten
Seite. Zwischen dem König und seiner Mutter tummeln sich
Huja und ein Diener, dargestellt als Winzlinge, die der Herr-
scherfamilie aufwarten. Diese verzehrt Geflügel, und die mit
Blumen geschmückten Beistelltische quellen über von Früchten
und verschiedenen Brotsorten, dazu finden sich Ständer mit
Krügen und Gefäßen, in denen die Getränke für das Festmahl
aufbewahrt sind. Über dem ganzen Geschehen breitet die Strahlensonne des Aton ihre Arme und schützenden Hände aus.

Ein anderes Bild im Grab des Huja zeigt, wie Echnaton seine
Mutter Teje an der Hand hält, um sie in ihre persönliche Sonnenschattenkapelle zu führen. Die Beischrift lautet: «Das Ein-
führen der Großen Königsgemahlin und Königsmutter Teje, um
ihr den Anblick ihres ‹Sonnenschattens› zu ermöglichen». Dahinter schreitet Baketaton, die Tochter Tejes und Schwester des
Königs, mit einem Blumenstrauß im Arm: «Die wirkliche Prinzessin, die er liebt, Baketaton». Eine weitere Darstellung im
Grab des Huja zeigt Juti, den Oberbildhauer der Großen Königsgemahlin Teje, der eine fertiggestellte Statue der Baketaton
mit dem Pinsel bemalt.

Alle diese Bilder weisen auf ein gut organisiertes und friedliches Leben im Palast in Achetaton hin. Es gab in dieser Zeit, abgesehen vom versuchten Aufstand der Nubier, weder innen- noch außenpolitisch größere Schwierigkeiten. Die religiöse Um- bildung war erfolgreich abgeschlossen, die königliche Familie lebte in Harmonie unter der Sonne Atons.

Kurze Zeit nach diesen Festen gebar die Königsgemahlin Ne- ferneferuaton-Nofretete ihr siebentes Kind, diesmal einen Sohn. Als Geburtsnamen erhielt der Knabe den Namen Tutanchaton, was «Lebendes Abbild des Aton» bedeutet. Lange Zeit wurde die Abkunft Tutanchatons als Sohn von Echnaton und Nofret- ete bezweifelt, doch konnte einen solch außergewöhnlichen und religiös untermauerten Namen angesichts der theologi- schen Lehre der Amarna-Zeit nur Echnatons Sohn und vorgese- hener Nachfolger tragen. Der Anspruch, «das lebende Abbild des Aton» zu sein, wäre selbst für jeden anderen Prinzen der Amarna-Zeit, der nicht als Nachfolger Echnatons vorgesehen war, eine Blasphemie gewesen. So konnte aus der Namensge- bung schon vor der DNS-Analyse darauf geschlossen werden, dass Tutanchaton der Sohn von Echnaton und Nofretete war. Aber auch archäologische Studien stützen dieses Faktum. Marc Gabolde konnte durch das Zusammenfügen zweier zueinander- passender Steinblöcke aus Amarna belegen, dass darauf neben Tutanchatons Namen der Titel einer königlichen Prinzessin ge- schrieben steht. Daher darf man wohl davon ausgehen, dass hier eine der königlichen Töchter dargestellt war, deren Name allerdings nicht erhalten ist. Da Geschwister in der Regel ihrem Alter entsprechend aufgereiht abgebildet wurden, muss sich der Titel aber auf eine der jüngeren Schwestern, Setepenre oder Ne- ferneferure, beziehen.

Außerdem erhielt Tutanchaton, der sich später Tutanchamun nannte, eine eigene «Sonnenschattenkapelle», wie es nur her- ausragenden Mitgliedern der Königsfamilie zustand. Von ihr hat sich ein Bruchstück erhalten. Darauf steht: «Großer le- bendiger Aton, der in seinen Jubiläen ist, Herr von all dem, was die Sonnenscheibe umschließt, Herr des Himmels, Herr der Erde in der Sonnenschattenkapelle des leiblichen Königssohnes Tutanchaton in Achetaton.»

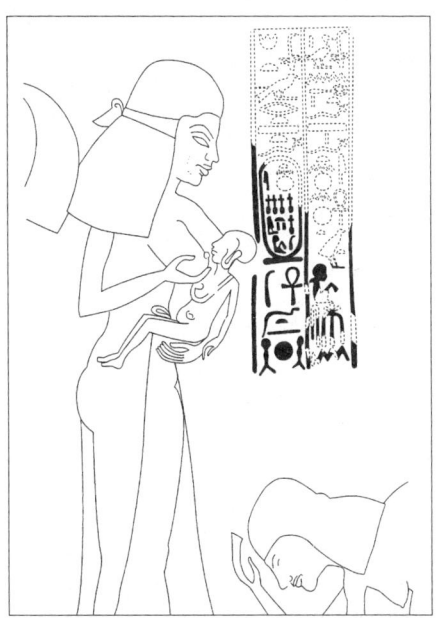

23 Tutanchaton bzw.
Tutanchamun auf dem
Arm seiner Amme.
Zeichnung nach einem
Relief im königlichen
Familiengrab

Auch in Echnatons Familiengrab von Amarna wird der Säugling Tutanchaton abgebildet, den eine königliche Amme aus einem Zimmer hinausträgt. Ein Hofbeamter verbeugt sich tief vor dem Kind. Marc Gabolde ergänzte die nicht ganz erhaltene Beischrift: «Der leibliche Königssohn, den er liebt, Tutanchaton, geboren von der Großen Königsgemahlin Neferneferuaton, sie lebe für immer und ewig.» Man kennt den Namen dieser Königsamme, sie hieß Maja. Es ist gelungen, ihr Grab und das ihres Mannes, des «Schatzhausschreibers des Aton» Ray, in Sakkara aufzufinden.

Unglück breitet sich aus

Im 14. Regierungsjahr wurde die Königsfamilie von schweren Schicksalsschlägen heimgesucht. So starb zuerst die Prinzessin Neferneferure, das Kind, das auf dem Familienbild im «Haus des Königs» rechts auf dem Kissen Platz genommen hat, dann wurde auch die kleine Setepenre hinweggerafft, die auf dem Schoß der Mutter sitzend dargestellt ist. Im Raum «α» des Königsgrabs zeigt ein Relief die zweitälteste Prinzessin Maketaton bei der Totenklage für ihre jüngeren Schwestern.

Noch im gleichen Jahr starb dann auch die etwa zehnjährige Maketaton und wurde in einem Kindersarkophag aus Rosengranit im Königsgrab bestattet. Die Reliefbilder in der Kammer «γ» zeigen den zarten Mädchenkörper auf der Bahre und das über sie gebeugte weinende Königspaar.

Eine solche Darstellung hatte es in der Geschichte Ägyptens zuvor niemals gegeben. Das erschütternde Bild von König und Königin, welche sich in tiefem Schmerz aneinander festhalten, war, auch aufgrund der bis dahin herrschenden religiösen Auffassungen, unvorstellbar gewesen. Ehemals stellte das Sterben den Beginn einer neuen Daseinsform dar; göttliche Wesen führten die Verstorbenen in das Jenseits, in die Gemeinschaft von Göttern und seligen Toten. Zwar trauerten die Zurückbleibenden, aber sie wussten die Toten doch wohlversorgt in ihrer neuen Wohnstatt.

In der Lehre für König Merikare, verfasst um 2100 v. Chr., heißt es:

> Nach dem Tod bleibt der Mensch sich selbst überlassen,
> nur seine Schandtaten werden neben ihm aufgehäuft.
> Dort zu sein ist ewig, darüber zu jammern töricht.
> Wer dorthin gelangt, ohne Unrecht getan zu haben,
> wird wie ein Gott sein und ungehindert umhergehen können
> wie die Herrscher der Ewigkeit.

Doch mit der neuen Amarna-Theologie hatten tiefgreifende Veränderungen im religiösen Denken stattgefunden. Die uns heute so anrührenden Szenen des Schmerzes und der Trauer im königlichen Familiengrab führen einerseits die private Atmosphäre, die uns schon in den königlichen Familienbildern begegnete, in den Szenen von Sterben, Tod und Trauer fort: Der Schmerz darüber wird als eines der Elemente des irdischen Lebens betrachtet.

24 Die königliche Barke auf dem Nil: In einem Kiosk unter der Sonne Atons ist
Nofretete beim «Erschlagen der Feinde» dargestellt. Zeichnung nach zwei
zusammengehörenden Amarna-Reliefs im Museum of Fine Arts Boston

Andererseits aber beinhalten diese Szenen noch eine ganz andere Botschaft: Ein Jenseits in der bisherigen Form mit seinen
zahlreichen Mythen vom Totengericht, von Regeneration und
Auferstehung, mit seinen unterweltlichen Landschaften und
göttlichen Begleitern gab es nicht mehr. Das Leben nach dem
Tod bestand allein im Erschauen Atons; es war ein Sein, das
keine Entwicklung und Wandlung mehr zuließ.

Nach dem 14. Regierungsjahr erscheint schließlich der Name der Königin Nofretete in den uns zur Verfügung stehenden Quellen nicht mehr. Dieser Umstand kann nur durch ihren Tod erklärt werden, war doch ihre Position, wie wir gesehen haben, so bedeutend, dass sie an allen staatlichen Vorgängen beteiligt war und ihr Name dabei immer erwähnt wurde. Wie schon mehrfach ausgeführt, wurde der Staat gemeinsam und praktisch gleichrangig von Echnaton und Nofretete geführt. Als Kriegerin erscheint sie nicht nur, wie schon besprochen, im Aton-Tempel von Karnak, sondern auch später in Achetaton, so zum Beispiel in dem Topos «Beim Erschlagen der Feinde» auf einem aus Amarna stammenden Relief (Museum of Fine Arts Boston, 64.521 u. 63.260). In diesem Darstellungstypus, der seit der ägyptischen Frühzeit belegt ist, trafen bis dahin grundsätzlich nur der regierende König oder die Götter auf. Das Bild ging dabei weit über den rein politischen Bereich hinaus und hatte eine übertragene Bedeutung: Die chaotischen Mächte sollten ferngehalten oder vernichtet werden, um die Ordnung der Welt zu gewährleisten.

Heute weiß man, dass Nofretete durch einen schweren Unfall ganz plötzlich und unerwartet ums Leben kam. Ihre Mumie weist schwerste Gesichts- und Brustverletzungen auf, die sicher ihren sofortigen Tod zur Folge hatten. Vielleicht passierte dieser Unfall bei einer ihrer schnellen Fahrten auf dem Streitwagen. Nofretete wurde höchstens fünfunddreißig Jahre alt. Für den Fall ihres Todes aber hatte Echnaton schon frühzeitig auf den Grenzstelen verfügt:

> Wenn die Große Königsgemahlin Nofretete, sie lebe,
> in Millionen von Jahren stirbt an irgendeinem Ort,
> sei er nördlich, sei er südlich, sei er westlich
> oder wo die Sonne aufgeht,
> dann soll man sie holen,
> damit ihr Begräbnis in Achetaton gemacht werden kann.

So darf man mit Sicherheit davon ausgehen, dass Nofretete im Familiengrab von Amarna bestattet wurde, wie auch eine zerbrochene Totenfigur aus Alabaster mit ihrem Namen bezeugt,

25 Der Kopf der Königin Nofretete stammt von einer der Grenzstelen
Echnatons (Kalkstein, Höhe 31 cm). Das Antlitz Nofretetes wurde gewaltsam
beschädigt. Museum Folkwang Essen

die im Schutt des Grabes gefunden wurde. Der Kopf der Statu-
ette ist leider nicht erhalten, die übrigen Fragmente werden im
Louvre und im Brooklyn Museum New York aufbewahrt. Aber
wohl spätestens während der Regierungszeit von König Aja
wurde der Leichnam Nofretetes nach Theben überführt und
schließlich um die vorchristliche Jahrtausendwende in das königliche Mumienversteck im Grab Amenophis' II. (KV 35) ver-
bracht. Es scheint, dass durch ihren schrecklichen Tod die
Hauptstadt und das Land in eine Sprachlosigkeit und Starre
versanken und es eine Zeit dauerte, bis der gewohnte Lauf des
Lebens zurückkehrte.

Die letzten Jahre Echnatons

Kurz nach dem plötzlichen Unfalltod von Nofretete starb die
kleine Prinzessin, die den Namen der Mutter trug: Neferneferu-
ruaton-tascherit. Auf dem Familienbild ist sie links auf dem gestickten Kissen sitzend dargestellt. Auch sie wurde hinausge-
bracht ins königliche Familiengrab. Man kann sich vorstellen,
dass die dicht nacheinanderfolgenden Todesfälle den König hef-
tigen Schmerz und lange Trauer empfinden ließen.

　Doch die Erfordernisse der königlichen Herrschaft hatten
Vorrang. So trat nach und nach Kija, eine Nebenfrau Echnatons,
in den Vordergrund, die sich nun «Gemahlin und Große Geliebte des Königs von Ober- und Unterägypten» nennen durfte.
Schritt für Schritt versuchte sie, die Machtposition, die Nofretete
innegehabt hatte, für sich zu erobern. Auf Reliefabbildungen
kann man Kija meist gut erkennen, da sie eine sogenannte nubische Perücke trägt, bei der die Haare fünffach abgestuft sind und
deren Haarspitzen vom Hinterkopf schräg nach unten laufen,
sodass sie vorne fast die Schlüsselbeine berühren, der Nacken
aber weitgehend frei bleibt. Diese nubische Perücke wurde in
Amarna sowohl von Männern als auch von Frauen häufig getragen. Kija schmückte sich zudem mit großen scheibenförmigen
Ohrringen. Dass sie in die Königsfamilie integriert war, wird dadurch unterstrichen, dass ihr ein eigener Palast, der Palast von
Maru-Aton, und eine eigene Sonnenschattenkapelle zugewiesen

wurden. Ein Relief, das sich heute im Brooklyn Museum New York (Nr. 60.197.8) befindet, zeigt sie als Königin, geschmückt mit dem königlichen Diadem und der Uräusschlange über der Stirn, wie sie ihre kleine Tochter küsst; eine Strahlenhand des Aton reicht beiden das Zeichen des Lebens. Hier präsentiert sich Kija als liebevolle Mutter, wie es zum Leitbild der Amarna-Religion gehörte. In den letzten Jahren Echnatons und auch über seinen Tod hinaus spielte sie eine immer wichtigere Rolle in Amarna. Dass sie Echnaton überlebte, ist durch das Etikett einer Weinlieferung belegt: «Jahr 17. Wein des Haushalts der Gemahlin des Königs, sie lebe, aus der südlichen Oase».

Im 16. Regierungsjahr Echnatons kam es zu einer äußerst angespannten außenpolitischen Lage, die in Angriffen der Hethiter auf die nördlichen Provinzen gipfelte. In dieser Zeit starb Echnaton zu Beginn seines 17. Regierungsjahres, im 2. Monat der Überschwemmungszeit des Jahres 1335 v. Chr. Nach dem Julianischen Kalender kann man das Sterbedatum zwischen dem 22. August und dem 20. September ansetzen. Seine Bestattung fand im königlichen Felsgrab von Achetaton statt, obwohl dieses zu diesem Zeitpunkt noch nicht fertiggestellt war (siehe hintere Umschlaginnenseite). Hier waren schon vier seiner Töchter, seine Große Königliche Gemahlin Nofretete und seine Mutter Teje beigesetzt worden. Fragmente von Tejes Sarkophag wurden im Königsgrab gefunden.

Echnatons Sarkophag, der heute in zahlreiche Einzelteile zerbrochen ist, war aus Rosengranit gearbeitet und ursprünglich 2,85 Meter lang, 1,25 Meter breit und 1,32 Meter hoch. Er befand sich in der Grabkammer (E) jenseits des Brunnenschachtes (D) und stand bei seiner Auffindung schräg zur Achse des Grabes; heute sind große Teile von ihm im Garten des Museums in Kairo ausgestellt. An jeder der vier Ecken des Totenschreins sieht man in halbplastischer Ausführung die Königin Nofretete unter der Sonne Atons, welche als Göttin den Gemahl in seinem Sarkophag mit ausgebreiteten Armen schützend umfängt. Sie war damit an die Stelle der früheren Schutzgöttinnen Isis, Nephthys, Neith und Selkis getreten.

Mit dem Tod des Königs begann für Ägypten eine äußerst

26   Quarzitköpfchen
(11 cm) der Königin Kija,
gefunden 1912 in der
Werkstatt des Thut-
mosis. Ägyptisches
Museum Berlin

schwierige Zeit, die zunächst die Thronfolge betraf. Tutanchaton, der als einziger Sohn des Königs sein legitimer Erbe war,
zählte erst vier oder fünf Jahre. So begann ein Machtkampf zwischen der Königswitwe Kija und Meritaton, der ältesten Tochter
Echnatons. Die machtbewusste Kija versuchte nicht nur, den
Thron an sich zu reißen, sondern bemühte sich gleichzeitig darum, ihren Anspruch durch einen Friedensschluss mit den Hethitern zu erhärten, mit denen die Ägypter zu dieser Zeit im Krieg
standen. Zu diesem Zweck sandte sie eine konspirative und deshalb für sie nicht ungefährliche Botschaft an den Hethiterkönig
Suppiluliuma I. Die wichtigste Quelle für unsere Kenntnis dieser
Ereignisse bilden mehrere Schriftstücke aus dem hethitischen
Staatsarchiv, dessen prominentestes «Die Mannestaten des Suppiluliuma» heißt. In diesem Text, der vom jüngsten Königssohn,
dem späteren Herrscher Mursilis II., verfasst wurde, erhält man
Informationen über die letzte Phase der Ära Echnaton:

27 Der aus Rosengranit gearbeitete, schwer beschädigte Sarkophag Echnatons zeigt halbplastisch Nofretete unter der Strahlensonne. Schirmend breitet sie die Arme aus. In diesem Gestus stand sie als Schutzgottheit an allen vier Ecken des Totenschreins. Ägyptisches Museum Kairo

Im Lande Kadesch, das mein Vater erobert hatte, erschienen die Infanterie und die Kavallerie Ägyptens und griffen das Land Kadesch an ... Als aber die Ägypter vom Angriff auf (die ägyptische Provinz) Amka erfuhren, bekamen sie Angst. Und da zudem ihr König Napachuria (Thronname Echnatons = Nefercheperure) verstorben war, schickte die Königin Ägyptens, die Königsgemahlin, einen Boten zu meinem Vater und schrieb ihm wie folgt: «Mein Gemahl ist tot, und ich habe keinen Sohn. Aber man sagt mir, dass du viele Söhne hast. Wenn du mir einen deiner Söhne schickst, könnte er mein Gemahl werden. Ich bin nicht geneigt, einen Diener zu nehmen und ihn zu meinem Gatten zu machen ...»

König Suppiluliuma stellte zunächst Erkundigungen über die Lage an, da er keinesfalls in ein ägyptisches Täuschungsmanöver geraten wollte. Nach einem weiteren dringenden Brief der Königswitwe Kija aber ging er auf ihren Wunsch ein und sandte seinen Sohn Zannanza an den Nil.

Inzwischen hatte jedoch Meritaton die Zeit genutzt und bereits den Thron bestiegen. Ihren Weg dorthin machte sicher auch ihr Großvater Aja, die graue Eminenz des Staates, möglich. Die neue Königin nahm den femininen Thronnamen «Anchetcheperure» (= Die mit lebendigen Gestalten, ein Re) an, dazu noch den Beinamen «Merit Waenre» (= Die Geliebte des Einzigen des Re), durch welchen sich Meritaton als diejenige bezeichnete, die von Echnaton geliebt wurde. Als zweiten Kartuschennamen wählte sie den Namen der Mutter «Neferneferuaton» (= Der Vollkommenste ist Aton). Durch die Wahl dieser Königinnennamen dokumentierte Meritaton ihren Willen, die neue Religion nicht zu beenden, sondern weiterzuführen. Nichts sollte aufgegeben werden.

Nach ihrer Thronbesteigung gibt es von Kija und ihrer Tochter kein Lebenszeichen mehr, und die Erinnerung an sie wurde gnadenlos verfolgt. Meritaton übernahm sowohl den Palast als auch die Sonnenschattenkapelle von Kija. Zudem ließ sie alle Bildnisse der Verhassten in Achetaton umarbeiten, und zwar so, dass sie künftig als ihre eigenen Porträts gelten konnten: Die nubische Perücke wurde zum Seitenzopf umgestaltet, Beischriften, die sich auf Kija bezogen, wurden zerstört. Außerdem tötete man den Hethiterprinzen Zannanza, der auf dem Weg nach Ägypten war. Dieser Mord ist aus hethitischer Quelle belegt: «Als ihnen mein Vater einen seiner Söhne gab, da töteten sie ihn, als sie ihn nach Ägypten herabführten. Da wütete mein Vater, zog nach Ägypten und überfiel Ägypten.» Der Tod des Sohnes ließ den Krieg erst richtig auflodern; denn nun kam die ganze Militärmaschinerie der Hethiter zum Einsatz, und Ägypten verlor die Vorherrschaft in Vorderasien. Darüber hinaus schleppten die Truppen eine schreckliche Pestepidemie ins Nilland ein.

Um unter diesen Umständen die innere Stabilität des Staates einigermaßen zu gewährleisten, heiratete Meritaton einen jungen Mann namens Semenchkare (1335–1332 v. Chr.), dem sie durch die Vermählung die Legitimation zur Thronbesteigung verschaffte. Semenchkare übernahm Meritatons Thronnamen in der maskulinen Form «Anchcheperure» und betrieb bald eine sehr behutsame Politik der Annäherung an Theben und an den Kult des Amun. Hiermit begann der Abstieg der Aton-Religion. So ließ sich Semenchkare einen Totentempel bauen, der dem alten Reichsgott Amun gewidmet war. Den Beleg dafür finden wir in einem Graffito aus seinem 3. Regierungsjahr: Pawah, der «Reinigungspriester und Opferschreiber des Amun im Totentempel des (Königs) Anchcheperure», schreibt in seinem thebanischen Grab (TT 139), dass sein Bruder Batjai in ebendiesem Tempel des Semenchkare als Zeichner tätig sei. Das Graffito belegt aber auch, dass Semenchkare, der in dieser Zeit wohl seinen Eigennamen ablegte, sich nun «Neferneferuaton meri Waenre» (= Der Vollkommenste ist Aton, der Geliebte des Einzigen des Re) nannte. Offenbar schwankte er deutlich zwischen der Amarna-Religion und der Restauration.

Dem jungen Königspaar war nur eine kurze Herrschaft beschieden. Denkmäler, die Semenchkare nennen, sind nur bis zum 3. Regierungsjahr nachweisbar, sodass der König höchstens 25 Jahre alt geworden sein kann. Meritaton hatte schon vor ihm den Tod gefunden. In dieser Umbruchzeit und von außenpolitischen Schwierigkeiten bedrängt, bestattete man den König in einem Notgrab im thebanischen Tal der Könige. Neuer Herrscher Ägyptens wurde Tutanchaton, der sich später Tutanchamun nannte (1332–1323 v. Chr.), der einzige Sohn von Echnaton und Nofretete.

4. Letzte Rätsel

Genealogie und Genetik

Bereits um etwa 1000 v. Chr. wurden verschiedene pharaonische Mumien aus ihren Ruhestätten entfernt und in das versteckt liegende Grab König Amenophis’ II. (KV 35) umgebettet. Dies geschah wohl nicht allein aus dem frommen Wunsch heraus, die Mumien vor Plünderung und Zerstörung zu bewahren, sondern auch deshalb, weil der damals wirtschaftlich ausgeblutete Staat

 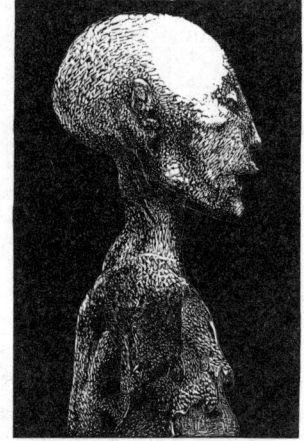

28/29   Die Büste der Nofretete im Vergleich mit dem Profilbild ihrer Mumie

sich die wertvollen Grabbeigaben sichern wollte. Die Neube-
stattungen fanden offenbar in großer Eile statt und wurden ausgesprochen nachlässig durchgeführt. Nur so ist es zu erklären,
dass zum Beispiel der Mumie von König Ramses VI. noch Teile
einer Frau sowie Hand und Unterarm eines nicht identifizierten
männlichen Individuums beigelegt wurden.

In zwei Nebenräumen dieser Begräbnisstätte entdeckte im
Jahr 1898, also fast dreitausend Jahre später, der französische
Ägyptologe Victor Loret (1859–1946) sieben Königsmumien,
die damals aber nicht identifiziert werden konnten. Erst im
Jahre 2003 teilte die englische Ägyptologin Joann Fletcher mit,
dass ihr Forscherteam die anonyme Mumie einer jüngeren Frau
(CG 61 072) aus dem ersten Nebenraum des Grabes KV 35 als
den Leichnam von Nofretete identifiziert habe.

Außerdem befand sich unter den Königsmumien im Grab
Amenophis' II. eine, die offenbar erst post mortem stark zerstört worden war: Teile des Körpers waren herausgerissen, die
Beine gebrochen sowie Haut und Muskulatur des Gesichtes gewaltsam entfernt worden. Eine in dieser Form durchgeführte
furchtbare Schändung der Mumie kann wohl kaum das Werk

von Grabräubern gewesen sein. Priester der 21. Dynastie hatten den Leichnam (CG 61 074) bei der Neubestattung in die Sargwanne von Ramses III. gelegt und diese mit dem Sargdeckel von Sethos II. verschlossen, auf den sie dann eilig mit kursiven Hieroglyphen den Namen von Amenophis III. (Nebmaatre) schrieben. Diese Aufschrift war der Grund dafür, dass die Mumie schließlich als Amenophis III. identifiziert wurde, eine Zuschreibung, die jedoch sehr zweifelhaft und unter den Ägyptologen immer umstritten war.

So hält Erik Hornung eine Zuschreibung gerade dieser Mumie für höchst unsicher. Peter A. Clayton stellt in seiner Veröffentlichung *Die Pharaonen. Herrscher und Dynastien im Alten Ägypten* (1995) dazu fest: «Mit Argumenten aus der Biologie vertreten die Professoren Edward Wente und John Harris die Ansicht, es handelt sich um die Leiche Echnatons oder die des Aja.» Allerdings ist es aus historischen ebenso wie aus genealogischen Gründen abzulehnen, die Mumie Echnaton zuzuordnen. Im *Lexikon der Pharaonen* äußert sich Thomas Schneider: «Möglicherweise muss man in der bisher Amenophis III. zugeschriebenen Mumie, die gewaltsam schwer zerstört wurde, in Wirklichkeit Aja sehen …»

Eine Klärung der Identität der misshandelten Mumie und die Lösung weiterer Fragen zu den verwandtschaftlichen Beziehungen unter den Königsmumien waren bisher in der Tat nur auf der Basis archäologischer und biologischer Untersuchungen möglich. Deshalb darf es mit Recht als sensationell bezeichnet werden, dass uns seit wenigen Jahren durch humangenetische Analysen neue, objektive und unwiderlegbare Parameter zur Verfügung stehen. Es gelang nämlich, die in allen Lebewesen vorhandene Desoxyribonukleinsäure (abgekürzt DNS, im angelsächsischen Schrifttum deoxyribonucleic acid = DNA), welche als Träger der Erbinformation die stoffliche Substanz der Gene, das heißt des Erbguts der Zellen, darstellt, auch aus Mumien zu identifizieren.

Um nun die Mitglieder der Königsfamilie in Amarna zu untersuchen, wurde in Kairo eine wissenschaftliche Kommission aus sechzehn Mitgliedern gebildet, die vom September 2007 bis

30 Bei den planmäßigen Zerstörungen im Königsgrab des Aja im Tal der Könige,
Theben-West, wurden gezielt dessen Namen und Gesichter unkenntlich gemacht.

Oktober 2009 tätig war. Elf königliche Mumien der 18. Dynastie aus den Zeitperioden 1410 bis 1324 v. Chr. sowie 1550 bis 1479 v. Chr. wurden in die Studie einbezogen, wobei die Identität der Mumie CG 61 074 als König Amenophis III. allerdings vorausgesetzt wurde. Zum Team gehörten neben dem Ägyptologen Zahi Hawass der Tübinger Humangenetiker Carsten Pusch und der Anthropologe Albert Zink aus Bozen. Am 17. Februar 2010 wurden die wissenschaftlichen Ergebnisse der Untersuchungen im *Journal of American Medical Association* (JAMA) publiziert. Zugänglich gemacht wurde diese Veröffentlichung jüngst durch Michael E. Habicht (*Nofretete und Echnaton. Das Geheimnis der Amarna-Mumien*, Leipzig 2011).

Als Erstes brachte die DNS-Analyse Klarheit darüber, dass die Mumie der jungen Frau (CG 61 072) aus dem Grab KV 35 im Tal der Könige mit an Sicherheit grenzender Wahrscheinlichkeit die Mutter des Königs Tutanchaton/Tutanchamun war. Damit handelt es sich hier also tatsächlich um die Mumie der Großen Königin Nofretete. Sie weist schwerste Verletzungen im Bereich der Brust und der linken Gesichtshälfte auf, die, zu ihren Lebzeiten entstanden, ihren sofortigen Tod herbeigeführt haben müssen.

31 Der Sarkophag
mit den Namen des
Königs Aja

Doch die in JAMA publizierte Analyse zeitigte auch Ergebnisse, die mit den archäologischen und schriftlichen Quellen in keiner Weise in Übereinstimmung zu bringen sind. Um die Befunde zu interpretieren, bedarf es eines die Fachgrenzen überschreitenden Expertenteams. Von humangenetischer Seite haben sich für diese Aufgabe der Bioinformatiker Frank Götz, Vorstand der Qualitype AG Dresden sowie die Humangenetikerin Min Ae Lee-Kirsch vom Universitätsklinikum Carl Gustav Carus in Dresden zur Verfügung gestellt. Sie haben die durch JAMA nicht hinreichend geklärten Fragen mit Hilfe einer neu entwickelten Software (GenoProof 2.) beantwortet.

Eine Schwäche der JAMA-Publikation, welche die Software GenoProof 1.3 verwendete, besteht offenbar in der vollkommen unkritischen Identifizierung der Mumie CG 61 074 mit Amenophis III.; in dieser Konstellation wären aber dieser König und seine Gemahlin Teje die Eltern nicht nur von Echnaton, sondern auch von Nofretete gewesen. Doch die beiden Söhne und die fünf Töchter der Großen Königsgemahlin Teje sind in den altägyptischen Texten so gut dokumentiert, dass Teje als Mutter von Nofretete und Amenophis III. als ihr Vater nicht in Frage kommen können: Echnaton und Nofretete waren mit Si-

cherheit keine Geschwister. Wenn es so wäre, müsste zudem
Nofretetes Schwester Mutnedjemet auch von dem Königspaar
abstammen und würde in den Inschriften mit dem Titel «Tochter des Königs» erscheinen, was aber nirgendwo belegt ist. Un-
erklärlich ist darüber hinaus der Titel eines «Königlichen
Schwiegervaters», der Aja zuerkannt wurde. So bleibt letztlich
nur die Schlussfolgerung, dass man bei einer Zuschreibung der
Mumie CG 61074 an König Amenophis III. in die Irre gegangen ist. Diese Fehleinschätzung als Grundlage der in JAMA
publizierten DNS-Analyse führte zu einer Fülle von abenteuer-
lichen Spekulationen in den Medien.

Warum aber wurde bei der Umbettung der Mumie von den
Priestern der 21. Dynastie überhaupt der Name Amenophis' III.
auf den Sargdeckel und auf das Mumienkleid des Leichnams geschrieben? Und warum wurde diese so schrecklich geschändet?

Eine Erklärung liefern uns wohl die historischen Fakten: Unter dem Kindkönig Tutanchaton/Tutanchamun führten einst
der General Haremhab und Aja gemeinsam die Regentschaft in
Ägypten und arbeiteten scheinbar gut zusammen. Nach dem
frühen Tod des jungen Königs im Jahre 1323 v. Chr. nutzte Aja
die günstige Gelegenheit, sich den Thron zu sichern, zumal Haremhab als Generalissimus des ägyptischen Heeres in dieser Zeit
aus militärischen Gründen nicht in Ägypten weilte. Damit zer-
brach selbstverständlich diese Allianz.

Nachdem Aja König geworden war (1323–1319 v. Chr.), ent-
hob er Haremhab aller seiner Ämter, musste er doch eine per-
manente Illoyalität befürchten. Auch als Generalissimus des
ägyptischen Heeres konnte er den ehemaligen Mitregenten
nicht belassen. Als aber Haremhab nach Ajas Tod durch einen
Militärputsch an die Macht kam und König wurde, verfolgte er
dessen Andenken mit Hass, zerstörte in seinem Grab (KV 23)
die Inschriften, die seinen Namen nannten, dazu auch seine Abbildungen. Nur auf dem Sarkophag hatte man den Namen
offenbar übersehen. Aber diesen brach man gewaltsam auf, ließ
die Mumie schänden und zerstörte das Andenken an Aja; er
verfiel der damnatio memoriae. Später wurde er wie alle
Amarna-Könige von den Königslisten gestrichen.

Als die Priester der 21. Dynastie die Umbettung der Mumien vornahmen, waren mehr als drei Jahrhunderte vergangen, und Aja war zu einem völlig unbekannten Namen geworden. So kam es offenbar zu jener Verwechslung, zumal das Grab des Aja (KV 23) und das von Amenophis III. (KV 22) in nächster Nachbarschaft lagen, und zwar nicht direkt im Tal der Könige, sondern im sogenannten Westtal. Folgerichtig merken Edward Wente und John Harris an: «Allein eine einzige Mumie der 18. Dynastie passt zum Schicksal des Aja, nämlich die, welche man Amenophis III. (CG 61 074) zugewiesen hat.»

Sicherheit brachte hier ebenfalls die DNS-Analyse. Die im Jahre 2010 in JAMA publizierten, archäologisch aber nicht einzuordnenden Forschungsergebnisse entstanden offenbar aufgrund einer falschen Zuschreibung der Mumie, der Fehler lag also nicht in der DNS-Analyse. Bei der Dresdner Untersuchung wurde eine neue Vergleichsvariante gewählt, in der nun König Aja in der Reihe der humangenetischen Analysen von Tutanchaton/Tutanchamun und seiner Vorfahren mit dem nicht identifizierten misshandelten Leichnam (CG 61 074) gleichgesetzt wurde. Diese Konstellation erbrachte in jeder Hinsicht schlüssige Resultate, die sich mit den bisherigen archäologischen und schriftlichen Quellen in Einklang bringen lassen.

Einschränkend muss gesagt werden, dass die Verwandtschaftsanalyse, die von Frank Götz, Qualitype AG in Dresden, neu erarbeitet wurde, hier nur auf den acht zugänglichen DNS-Markern beruht, die in JAMA publiziert wurden. Für einen Vaterschaftsabgleich werden heutzutage vor Gericht dagegen mindestens zwölf DNS-Marker benötigt, sodass die fehlenden genetischen Profile ohne Frage Einfluss auf ein absolutes Ergebnis haben könnten. Aber auch mit nur acht DNS-Markern besitzen die gewonnenen Analysen-Ergebnisse eine an 95 Prozent heranreichende Gewissheit und lassen kaum Zweifel zu (siehe Tabelle im Anhang).

Die DNS-Studie ergab nun, dass es sich bei der Mumie CG 61 074 tatsächlich um diejenige von König Aja handelt. Der verwandtschaftliche Abgleich zeigt, dass er nicht aus der Juja-Tuja-Familie stammte, aber der Vater der Königin Nofretete war.

32   Aja und Teje-Tjj, die Eltern der Nofretete, empfangen vom Königspaar das Ehrengold. Reliefporträt aus dem Grab des Aja, Ägyptisches Museum Kairo

Schwierigkeiten bereitete bei der JAMA-Untersuchung die Einordnung der Mumie einer älteren Dame (CG 61 070) aus dem gleichen Mumiendepot, die, wie ihre Marker erkennen lassen, eindeutig der Juja-Tuja-Familie entstammte. Eine genauere Zuordnung glaubte man schließlich über die Haare der Mumie erhalten zu können, da sich im Grabschatz von Tutanchamun eine Haarlocke in einem Miniatursarg (JE 60 697–701) befand, die laut Inschrift von der Königin Teje stammte. Tatsächlich erbrachte der DNS-Vergleich zwischen dem Haar der Mumie und der Haarlocke eine genetische Übereinstimmung, sodass diese Mumie als Teje, die Gemahlin Amenophis' III., identifiziert wurde.

Aber kann es sich hier wirklich um die Große Königsgemahlin an der Seite Amenophis' III. handeln? Diese war schon mehr als sechzehn Jahre zuvor in der letzten Regierungsphase Echnatons gestorben und im königlichen Familiengrab in Amarna beigesetzt worden, wie Sarkophagfragmente belegen. Tutanchamun dagegen starb weit entfernt in Memphis und wurde in Theben, im Tal der Könige (KV 62), bestattet, wobei die Leitung der Begräbnisrituale in den Händen seines Nachfolgers, des Königs Aja, lag. Im Grab (KV 62) ist dieser dargestellt, wie

33 König Aja vollzieht
das Mundöffnungsritual
an seinem verstorbenen
Enkel Tutanchamun.
Darstellung im Grab des
Kindkönigs im Tal der
Könige

er an seinem verstorbenen Vorgänger das Mundöffnungsritual
vollzieht.

Nun aber stammte auch Ajas Gemahlin aus der Juja-Tuja-
Familie. Sie war die jüngere Schwester Tejes, der Großen Königsgemahlin von Amenophis III., und inzwischen, nachdem ihr
Gatte König geworden war, ihrerseits zur Großen Königsgemahlin aufgestiegen. Ihr Name Taemwadjesi bedeutet so viel
wie «Das Land lässt sie gedeihen». Ihren Eltern hatte Taemwadjesi ein bemaltes Scheingefäß aus Holz ins Grab (KV 46) mitge-
geben, auf dem sie den Titel «Die vornehmste Haremsdame des
(Gottes) Amun» führt. Später nannte sie sich, inschriftlich gesichert, wie ihre ältere Schwester ebenfalls Teje. In Ägypten war
der Name nicht so sehr ein Mittel der Identifizierung als vielmehr Bestandteil der Persönlichkeit, Ausdruck und Wunsch für
das zukünftige Leben. So ist es durchaus denkbar und war auch
nicht unüblich, dass das Mädchen später als sogenannten
«Schönen Namen» denjenigen der Teje zu ihrem eigenen hinzu-

setzte und schließlich sogar diesen allein benutzte. War doch die Schwester aus der bürgerlichen Juja-Tuja-Familie mit dem Namen Teje zur Königin Ägyptens aufgestiegen. Um Verwechslungen zu vermeiden, soll die jüngere Tochter der Familie in diesem Buch entsprechend einer erweiterten altägyptischen Schreibweise immer als Teje-Tjj bezeichnet werden.

Aber wem gehörte nun die Locke, welche in dem Miniatursarg im Grab Tutanchamuns gefunden wurde, Teje, der Gemahlin Amenophis' III., oder Teje-Tjj, der Gemahlin des amtierenden Königs Aja? Aufgrund der historischen und geographischen Gegebenheiten kann die Haarlocke eigentlich nur von der Großen Königsgemahlin des Aja, Teje-Tjj, stammen. Die Mumie der älteren Dame aus KV 35 ist demnach der Leichnam von Teje-Tjj. Sie war die Mutter der Nofretete, wie auch mit Hilfe der genetischen Marker nachgewiesen werden konnte.

Zwar haben weder Aja noch Teje-Tjj sich jemals als Eltern der Nofretete bezeichnet, in fast allen Publikationen jedoch, die sich mit Echnaton oder Nofretete beschäftigen, wird Aja als ihr Vater genannt. Er trug nämlich wie zuvor schon Juja, der Schwiegervater von Amenophis III., die Rangbezeichnung «Gottesvater», also Ehrentitel eines Königlichen Schwiegervaters. Diesen Titel schloss Aja, nachdem er selbst König geworden war, sogar zusammen mit seinem Geburtsnamen in seine Königstitulatur ein, wohl auch, um die Legitimität seiner Herrschaft zu unterstreichen.

Seine Gemahlin Teje-Tjj aber nannte sich stets nur «Amme der Göttin». So konnten sich die Historiker sie nicht als die leibliche Mutter Nofretetes vorstellen, und man stellte die Hypothese auf, dass Aja in erster Ehe mit einer Unbekannten, vielleicht früh Verstorbenen, verheiratet gewesen sei, die ihm die Töchter geboren habe. Danach wäre Teje-Tjj als die zweite Ehefrau die Stiefmutter der Kinder gewesen. Diese Hypothese indes muss aufgrund der neuen Dresdner DNS-Forschung als nicht mehr haltbar bezeichnet werden.

Auffälligerweise wird von Teje-Tjj kaum je der Name der Tochter genannt, auch nicht auf einem Holzkästchen (Ägyptisches Museum Berlin, 17 555), das im 19. Jahrhundert in Tuna el-Gebel gefunden wurde und ursprünglich dem Ehepaar Aja und Teje-Tjj gehört hat. Auf dem Deckel der Schatulle steht: «Der Königliche Staatssekretär, Truppenkommandant und Befehlshaber der Streitwagentruppe, der Gottesvater Aja» und dann: «Die Hochgeehrte des Waenre (Echnaton), die Herrin des Hauses, Teje-Tjj, die Geehrte bei der Großen Königsgemahlin, die Herrin des Hauses, Teje-Tjj». Sie erwähnt also den Titel der Tochter, nämlich «Große Königsgemahlin», nicht aber deren Namen. Hier zeigt sich vermutlich die Seelenlage einer Mutter, die eine «Göttin» geboren hat und darüber schweigt.

Das Grab des mysteriösen Königs

Im Januar des Jahres 1907 entdeckte der englische Archäologe Edward Russel Ayrton (1882–1914), der im Auftrag des amerikanischen Rechtsanwalts und Hobbyägyptologen Theodor M. Davis (1837–1915) arbeitete, im Tal der Könige ein Grab, das heute unter der Nummer KV 55 registriert ist. Nachdem eine große Menge Kalksteinabfall aus der späteren Ramessidenzeit beiseitegeräumt worden war, konnten 21 Stufen freigelegt werden, die zum versiegelten Eingang führten. Das Begräbnis hatte einst König Tutanchamun durchgeführt, wie kleine Tonsiegel belegen, die im Schutt des Grabes gefunden wurden. Allerdings ließ sich erkennen, dass offenbar schon kurze Zeit nach der Bestattung Diebe durch einen Tunnel in das Grab eingedrungen waren; später war dieses dann erneut versiegelt worden. Leider konnte aber durch Risse im Gestein Feuchtigkeit in das Innere gelangen, so dass fast alle Holzteile, die sich in der Begräbnisstätte befanden, beim Öffnen sofort zerfielen. Die ganze Anlage bestand aus einer Treppe, einem schräg nach unten führenden Korridor und einem rechteckigen Raum von etwa 6,5 Metern Länge und 4,9 Metern Breite sowie einer Nische von 1,5 Metern Tiefe, über einem Meter Breite und zwei Metern Höhe.

Vor dieser Nische stand ein wunderbarer, anthropoid geformter königlicher Sarg. Der plastisch ausgeführte Kopf des Sarges war mit einer nubischen Perücke und der Uräusschlange geschmückt, am Kinn befand sich ein geflochtener Götterbart.

Der Körper aber war mit einem Netz aus purem Gold bedeckt, das durch Einlagen von buntem Glas ein stilisiertes Federmuster nachbildete, und die Schultern umgab ein schön gearbeiteter, mehrgliedriger Brustschmuck. Beschriftete Goldbänder mit eingelegten Hieroglyphen umhüllten den toten Körper, doch die Kartuschennamen darauf waren alle gelöscht. Einst hatte der Sarg auf einem mit Löwenköpfen geschmückten, hölzernen Katafalk gestanden, der aber im Laufe der Zeit mürbe geworden und schließlich zerfallen war. Der Deckel des Sarges war dadurch zu Boden gefallen und der Leichnam aus der Wanne herausgeglitten.

Trotz der erheblichen Beschädigungen war der Fund sensationell, hatte man doch bis dahin einen solchen königlichen Goldsarg noch nie entdeckt. Auf dem ebenfalls beschädigten Kopf der in Leinen gewickelten Mumie befand sich ein aus Goldblech geformter Falke, dessen ausgebreitete Schwingen das Haupt umfassten.

Nachdem Theodor M. Davis die Wickelung entfernt hatte, sah er, dass die Mumie zu Staub zerfallen war und er nur noch ein Skelett vor sich hatte. Zwei Ärzte, die hinzugezogen wurden, gaben an, dass es sich bei diesem Skelett um das einer Frau handele. Im Geröllschutt wurden mehrere Gefäße, vier magische Ziegel, zahlreiche Amulette sowie Holz- und Fayencekästchen entdeckt, schließlich auch ein Schrein, der den Namen der Königin Teje nannte. So war Davis überzeugt, er habe das Grab dieser berühmten Königin, der Gemahlin König Amenophis' III., entdeckt.

In der Nische selbst wurden zudem vier Kanopenkrüge aus Alabaster gefunden, deren Deckel als weibliche Köpfe mit nubischer Perücke und nachträglich eingesetzter Uräusschlange geformt waren. Die Inschriften auf den Gefäßwänden hatte man zwar minutiös entfernt, doch waren die Kanopen von hervorragender Qualität, zeigten aber Spuren von Überarbeitungen.

Wie man heute weiß, gehörten die Kanopen, von denen sich drei im Museum Kairo und eine im Metropolitan Museum New York befinden, einst zur Grabausrüstung von Kija, der Gemahlin Echnatons. Erst genauere Untersuchungen im Jahre 1986 machten es möglich, den abradierten Text wieder zu lesen: «Ge-mahlin und Große Geliebte des Königs von Ober- und Unter-ägypten, der von der Wahrheit (Maat) lebt, Echnaton, dem voll-kommenen Kind des lebenden Aton, von dem es gilt: Er wird immer leben, jetzt und immerdar bis in alle Ewigkeit, Kija, sie lebe!»

Dies freilich konnte Theodor M. Davis damals noch nicht be-kannt sein. Da er den Namen der Königin Teje zweifelsfrei gele-sen hatte, veröffentlichte er seine Entdeckung im Jahre 1910 in London unter dem Titel *The Tomb of Queen Tiyi*. Die Freude über diesen archäologischen Fund aber währte nur kurze Zeit. Der Chefinspektor des Antikendienstes für Oberägypten, Ar-thur Weigall (1880–1934), hatte die Skelett-Mumie nach Kairo ins Ägyptische Museum überführt, wo sie der renommierte aus-tralische Anthropologe und Anatom Crafton Elliot Smith (1871–1937) untersuchte und an Weigall schrieb: «Sind sie si-cher, dass die Gebeine, die sie mir geschickt haben, auch jene sind, die in dem Grab gefunden wurden? Anstelle der Knochen einer alten Frau haben sie mir die eines jungen Mannes zukom-men lassen. Da ist doch sicher irgendwo ein Fehler passiert.»

Damit war die Diskussion über Sarg und Leichnam eröffnet, die bis zum heutigen Tag andauert. Zwei unterschiedliche Meinungen haben sich herausgebildet: Nach der einen handelt es sich bei dem unbekannten Leichnam um Echnaton selbst, nach der anderen um seinen Nachfolger Semenchkare. Unbe-stritten ist, dass der Goldsarg ursprünglich für König Echnaton angefertigt worden ist. Etwas später verbrachte man ihn ver-mutlich in ein Magazin und verwendete ihn schließlich für die Bestattung eines anderen Königs in Theben-West, wozu aller-dings zuvor die Kartuschennamen Echnatons entfernt werden mussten.

Am Staatlichen Museum Ägyptischer Kunst in München wurde die völlig marode Sargwanne über Jahre hinweg aufwen-dig restauriert und im Jahre 2002 an das Ägyptische Museum Kairo zurückgegeben. Während der Restaurationsarbeiten konnte nachgewiesen werden, dass in der senkrechten Inschrif-tenzeile auf dem Sarg und auf den Hieroglyphenbändern die

Kartuschennamen Echnatons getilgt worden waren. Man hatte diese aber nicht etwa gewaltsam herausgerissen, wie öfter behauptet wird, sondern in einer Spezialwerkstatt minutiös und vorsichtig herausgelöst. So schreibt Alfred Grimm in *Das Geheimnis des goldenen Sarges. Echnaton und das Ende der Amarnazeit*: «Die Tilgung des ursprünglich in der Kartusche stehenden Königsnamens ist exakt entlang der inneren Kartuschenumrandung durch millimetergenaues Herausschneiden der Goldfolie mit anschließender Entnahme der Hieroglypheneinlagen erfolgt.»

Renate Germer schreibt 2001 in ihrer Studie *Die Mumie aus dem Sarg in KV 55*:

> Es gibt wohl kaum ein altägyptisches Skelett, das so häufig anthropologisch untersucht wurde wie die Knochen aus «KV 55». Die übereinstimmenden Resultate, dass es sich bei dem Verstorbenen um einen jungen Mann gehandelt hat, der etwa im Alter von 18–23 Jahren, maximal wohl von 25 Jahren verstorben ist und an dessen Knochen keinerlei Krankheitsanzeichen vorliegen, sollten nun, fast 100 Jahre nach der Entdeckung des Grabes, akzeptiert werden.

Doch gerade in Ägypten gab es in den letzten Jahren Strömungen, die das Skelett unbedingt als das König Echnatons identifizieren wollten. Aus diesem Grund wurde das Sterbealter der Mumie mit 35, ja sogar mit 45 Jahren angesetzt. Fast zwangsläufig drängt sich hier die Vermutung auf, dass man alle bisherigen Ergebnisse der anatomischen Untersuchungen plötzlich außer Acht ließ, um die sterblichen Überreste aus dem Grab KV 55 für eine intentionale Zuweisung an Echnaton passend zu machen. Allerdings bleibt dabei schon allein die Frage offen, warum man bei den Inschriften des Sarges die Kartuschen des Königs so sorgfältig herauslöste, wenn der Eigentümer ohnedies darin beigesetzt wurde.

Ein Hieroglyphenband, das in der Mitte der inneren Sargdeckelseite verläuft, gibt einen aufschlussreichen Hinweis. Die Inschrift an dieser Stelle lautet: «Herr des Himmels, in dem er lebt und sein Herz an seinem Platz ist! Du blickst auf den ‹Geliebten des Einzigen des Re›». Dieses Namensattribut «Geliebter des

Einzigen des Re», das heißt eines von Echnaton Geliebten, ist einzig und allein für Semenchkare bezeugt.

Wolfgang Helck (1914–1993) stellt in seiner 2001 postum veröffentlichten Studie zu Grab KV 55 fest: «Die für unsere Frage nach dem Endbesitzer des Sarges entscheidende Wendung ist aber die Nennung des ‹Geliebten des Einzigen-des-Re›, denn dieses Epitheton ist allein für Semenchkare bezeichnend. Das hat bereits (Alan H.) Gardiner (1879–1963) festgestellt, aber sein Hinweis ist in der späteren Diskussion kaum beachtet worden. Dieses entscheidende Epitheton ist bei der Beseitigung der Königsnamen auf dem Sarg übersehen worden, weil es nicht in einer Kartusche stand. Damit ist eindeutig Semenchkare als Endbesitzer des Sarges anzusehen und mit der Mumie im Sarg zu identifizieren.» Diese Schlussfolgerung stimmt mit den zahlreichen anatomischen Untersuchungen überein, in denen von einem jungen, gesunden Mann die Rede ist.

Die Identität des Semenchkare wurde sehr kontrovers diskutiert. Die einen hielten ihn für einen Bruder des Tutanchamun oder den Sohn einer Prinzessin und eines nichtköniglichen Vaters. Marc Gabolde machte auch den Vorschlag, in ihm den hethitischen Prinzen Zannanza zu sehen, und es kam sogar zu Überlegungen, dass Nofretete ihren Gemahl überlebte und unter dem Namen Semenchkare in Ägypten die Herrschaft ausübte. Diese Interpretation allerdings steht einem historischen Roman näher als einer Geschichtsschreibung.

Folgendes lässt sich dagegen feststellen: Was sich mit einfachen Annahmen erklären lässt, wird mit komplizierten Mutmaßungen vergeblich versucht werden. Aufgrund der archäologischen und biologischen Untersuchungen darf als gesichert gelten, dass es sich bei dem Toten um König Semenchkare handelt, auch wenn seine Herkunft zunächst ungeklärt blieb. Er trat in Achetaton während der gesamten Regierungszeit Echnatons nicht in Erscheinung, sondern tauchte am Ende der Amarna-Zeit wie ein Deus ex machina als der Gemahl der Prinzessin Meritaton auf. Auch in dieser Frage konnte die naturwissenschaftliche Untersuchung jetzt endlich Klärung bringen: Die Dresdner DNS-Analyse ergab zweifelsfrei, dass es sich bei dem toten Semenchkare aus dem Grab KV 55 um einen Sohn des Königs Aja und seiner Gemahlin Teje-Tjj handelt, wie es der amerikanische Ägyptologe Keith Cederic Seele (1898–1971) schon vor Jahren vermutet hat. Damit steht fest, dass der im Tal der Könige Bestattete der jüngere Bruder von Königin Nofretete war. Vermutlich wurde er, wie später sicher auch sein Neffe Tutanchaton, im mittelägyptischen Achmim erzogen und war deshalb während der Regierungszeit Echnatons in Achetaton nicht anwesend.

Die Identifizierung des Skelett-Leichnams als Echnaton ist demnach mit Hilfe naturwissenschaftlicher Methoden endgültig widerlegt, Zweifel daran sind nicht möglich. Es bleibt die Tatsache, dass die Mumie Echnatons, diejenige seiner Mutter Teje sowie die seines Vaters Amenophis' III. bisher nicht entdeckt wurden.

So leistet die moderne humangenetische Forschung nun auch in der Ägyptologie bahnbrechende Hilfestellung. Durch sie gelang es, die Diskussion um die Mumie des Aja zu beenden, jenes Mannes, der, von seiner Herkunft her bürgerlich, zum Schwiegervater eines der prominentesten Pharaonen, Amenophis' IV.-Echnaton, avancierte sowie sowohl der Vater von König Semenchkare als auch der Großvater von König Tutanchamun war und, nachdem sein Enkel gestorben war, selbst den Thron bestieg und zum Herrscher Ägyptens aufstieg.

Seine Tochter Nofretete aber wurde schon zuvor durch ihre Heirat mit Amenophis IV.-Echnaton zu einer der herausragenden und berühmtesten Frauenfiguren der Weltgeschichte. Auch hier war es die moderne Humangenetik, die der zeitlich so entrückten Gestalt einen neuen Lebenshauch und menschliche Akzente verleihen konnte. So wissen wir heute um ihre Eltern, ihre Großeltern und ihre beiden Geschwister, wir kennen den Ehemann, den Religionsstifter Echnaton, und ihre sieben Kinder, und wir wissen darüber hinaus um ihren gewiss tragischen Tod. Nach Jahrtausenden wurde es möglich, dass der Schleier aus Mythen, der Nofretete so lange bedeckte, nun ein wenig gelüftet und der Blick auf den Menschen Nofretete frei wird.

Dank

Das vorliegende Buch über die berühmte ägyptische Königin Nofretete entstand auf Anregung von Ulrich Nolte vom Verlag C.H.Beck, der die Arbeit auch als Lektor hilfreich betreut hat. Regine Buxtorf (Basel) und Michael Reichelt (Bad Krozingen-Hausen) haben mir auch für dieses Buch ihr eindrucksvolles Fotomaterial zur Verfügung gestellt. Lars Petersen stellte mir eine bisher unveröffentlichte Fotografie zur Verfügung, die am 6. Dezember 1912 in Amarna aufgenommen wurde und die er im Archiv der Albert-Ludwigs-Universität Freiburg entdeckt hat. Die archäologisch versierte Zeichnerin Christine Mende (Berlin) hat schwierig zu erkennenden ägyptischen Bildern durch ihre Skizzen zu Klarheit verholfen.

Bei der Bearbeitung der humangenetischen Fragen haben mir die Humangenetikerin Min Ae Lee-Kirsch, Universität Dresden, und der Bioinformatiker Frank Götz, Vorstand der Qualitype AG, Dresden, beigestanden. Manfred Gahr, Direktor der Universitätskinderklinik Dresden, hat die Verbindung zu ihnen hergestellt. Frank Götz hat auf der Grundlage der in JAMA 2010 veröffentlichten Marker der königlichen Mumien in Kairo eine neue genetische Analyse erstellt. Förderliche Hinweise erhielt ich von Bernd Schultz von der Villa Grisebach, Berlin. Ihnen allen möchte ich ganz herzlich danken.

Besonders würdigen aber möchte ich meine Frau, die meine Arbeit stets mit konstruktiver Kritik begleitet hat.

Zeittafel

Die Zeittafel kann sich geringfügig von der Chronologie anderer Historiker unterscheiden, da die genaue Datierung einer gewissen Unsicherheit unterliegt. Die Herkunft und die Verwandtschaft der königlichen Personen sind weitgehend durch die DNS-Analyse gesichert.

um 1388/87	Der Königliche Sekretär Aja wird von nicht bekannten Eltern – vermutlich in Achmim – geboren. Er heiratet etwa mit achtzehn Jahren die jüngere Schwester von Königin Teje, der Gemahlin Amenophis' III., Taemwadjesi; diese nimmt später den Namen Teje-Tjj an. Aja wird so der Schwager Amenophis' III.
um 1375/74	Der spätere König Amenophis IV. wird als zweiter Sohn von König Amenophis III. und seiner Großen Königsgemahlin Teje vermutlich in der Hauptstadt Theben geboren.
um 1369/68	Nofretete wird als älteste Tochter von Aja und Taemwadjesi in Theben geboren.
um 1359/58	Kronprinz Thutmosis, der ältere Bruder des Prinzen Amenophis, stirbt in Memphis. In Theben begeht Amenophis III. sein erstes Regierungsjubiläum.
um 1353/52	Kronprinz Amenophis heiratet Nofretete, die Tochter des Aja und der Taemwadjesi.
um 1352/51	König Amenophis III. stirbt in seinem 38. Regierungsjahr. Amenophis IV. besteigt in Theben den Thron. Nofretete wird Große Königsgemahlin. Geburt der Tochter Meritaton. Aja erhält den Titel eines Königlichen Schwiegervaters.
um 1350–1348	Bau des großen Aton-Tempels in Karnak, der mit Bildern in einem neuen Kunststil dekoriert wird. Geburt der Tochter Maketaton. Schaffung des neuen Gottes Aton, dessen langer Name in zwei Kartuschen eingeschrieben wird. Es entsteht die göttliche Dreiheit Aton und das Königspaar. Jubelfest des Aton in Karnak. Die alten Götter werden weiter verehrt, auch wenn Aton zur führenden Gottheit im Pantheon aufsteigt.
um 1347/46	Geburt der Tochter Anchesenpaaton. Eine neue Regierungsmannschaft wird ernannt. Amenophis IV. beschließt die Gründung einer neuen Residenzstadt bei Tell el-Amarna, die Achetaton heißen soll. Die ersten drei Grenzstelen markieren das Stadtgebiet. Amenophis IV. ändert seine Titulatur und seinen Geburtsnamen. Er heißt von nun an Echnaton.

Engster Berater des Königs ist sein Schwiegervater Aja. Die wichtigsten Beamten erhalten Felsgräber in den Ostbergen.

um 1345 Umzug des Hofes nach Achetaton. Geburt der Tochter Neferneferuaton-tascherit.

um 1344 Geburt der Tochter Neferneferure.

um 1342 Die Namen des Gottes Aton werden neu geformt. Schließung aller Tempel der alten Götter im ganzen Land und Verfolgung ihres Andenkens. Ägypten hat damit eine monotheistische Religion. Geburt der sechsten Tochter Setepenre.

um 1340/39 In Achetaton erscheinen ausländische Delegationen und bringen dem König und der Königin ihren Tribut. Besuch der Königinmutter Teje in Achetaton. Ein nubischer Aufstand wird niedergeschlagen. Nofretete schenkt einem Knaben das Leben: Tutanchaton.
Tod der Töchter Neferneferure, Setepenre und Maketaton. Sie werden im königlichen Familiengrab (Nr. 26) beigesetzt, das in den Ostbergen im königlichen Wadi liegt. Königinmutter Teje stirbt. Auch sie wird im Königsgrab bestattet.

um 1337/36 Königin Nofretete erleidet einen tödlichen Unfall. Die Prinzessin Neferneferuaton-tascherit stirbt. Nachfolgerin der Königin wird, allerdings mit stark eingeschränkter Macht, Kija. Abfall zweier asiatischer Provinzen. Ägyptische Truppen werden in Marsch gesetzt. Angriff des Hethiterkönigs Suppiluliuma I. auf die unter ägyptischem Einfluss stehende Provinz Amka in Nordsyrien.

um 1335/34 König Echnaton stirbt. Die Königswitwe Kija schreibt einen Brief an den Hethiterkönig, um durch eine diplomatische Heirat mit einem hethitischen Prinzen die Macht in Ägypten zu ergreifen und gleichzeitig Frieden zu gewinnen. Der hethitische Königssohn Zannanza wird auf der Reise nach Ägypten ermordet. Kija verschwindet aus dem öffentlichen Leben. Die älteste Tochter Echnatons, Meritaton, wird Königin und regiert zunächst allein.

um 1335–1332 Krieg mit den Hethitern. Meritaton heiratet Semenchkare, einen Sohn des Aja und der Teje-Tjj und Bruder der Nofretete. Als König versucht dieser eine Annäherung an den alten Reichsgott Amun. Semenchkare übernimmt teilweise die Namen Nofretetes.

um 1333 Königin Meritaton stirbt.

um 1332 König Semenchkare stirbt und wird in Theben im Tal der Könige (Grab KV 55) bestattet. Das Begräbnis leitet der neue König Tutanchaton, der in Achetaton gekrönt wurde. Die Regentschaft führen Aja und der General Haremhab. Letzterer hat den militärischen Oberbefehl. In der Religion wird ein vorsichtiger Restaurationskurs verfolgt. Tutanchaton heiratet seine Schwester Anchesenpaaton, die damit zur Großen Königsgemahlin wird.

um 1330	Der König ändert seinen Namen in Tutanchamun, seine Gemahlin heißt nun Anchesenamun.
um 1329	Achetaton wird als Residenz aufgegeben. Neue Hauptstadt wird Memphis. Die alten Götter werden wieder in ihre Rechte eingesetzt.
um 1323/22	Tutanchamun stirbt an einer Infektionskrankheit. Mit ihm erlischt das Königshaus der 18. Dynastie. Er wird in Theben im Tal der Könige (KV 62) beigesetzt. Die Begräbniszeremonie leitet der neue König, der Gottesvater Aja. Große Königsgemahlin ist Teje-Tjj.
um 1323–1319	Aja entlässt den Generalissimus des ägyptischen Heeres, Haremhab. Im Zuge der religiösen Restauration verschwindet Aton aus der Gemeinschaft der Götter. Ajas Grab wird im Westtal des Tals der Könige (KV 23) errichtet.
um 1319–1292	Machtübernahme durch das Militär. Haremhab lässt sich zum König ausrufen. Abrechnung mit Aja. Alle Könige der Amarna-Zeit werden von den Königslisten gestrichen und verfallen der damnatio memoriae. Haremhabs Regierung schließt damit direkt an die von König Amenophis III. an.

DNS-Analyse des Königshauses von Amarna

Von Frank Götz, Qualitype AG

Testkit: ABI – AmpFíSTR Minifiler
Marker: D13S317, D7S820, D2S1338, D21S11, D16S539, D18S51,
                      CSF1PO, FGA
Allelfrequenzen: Ägypter (ALLST*R – Datenbank der Qualitype AG)
Verfahren: Back-Track-Verfahren, Kinship-Algorithmus

Befunde:

	D13S317	D7S820	D2S1338	D21S11	D16S539	D18S51	CSF1PO	FGA
Tuja KV 46	9–12	10–13	19–26	26–35	11–13	8–19	7–12	24–26
Juja KV 46	11–13	6–15	22–27	29–34	6–10	12–22	9–12	20–25
Teje-Tjj KV35 EL*	11–12	10–15	22–26	26–29	6–11	19–22	9–12	20–26
Aja KV35	10–16	6–15	16–27	25–34	8–13	16–22	6–9	23–31
Semenchkare KV55	10–12	15–15	16–26	29–34	11–13	16–19	9–12	20–23
Nofretete KV35 YL**	10–12	6–10	16–26	25–29	8–11	16–19	6–12	20–23
Tutanchamun KV62	10–12	10–15	16–26	29–34	8–13	16–19	6–12	23–23

* EL = Elder Lady
** YL = Younger Lady

Quelle: Zahi Hawass/Yohia Z. Gad/Somaia Ismail u. a.: Ancestry and Pathology in King Tutankhamun's Family, 2010

Stammbaum des Königshauses von Amarna

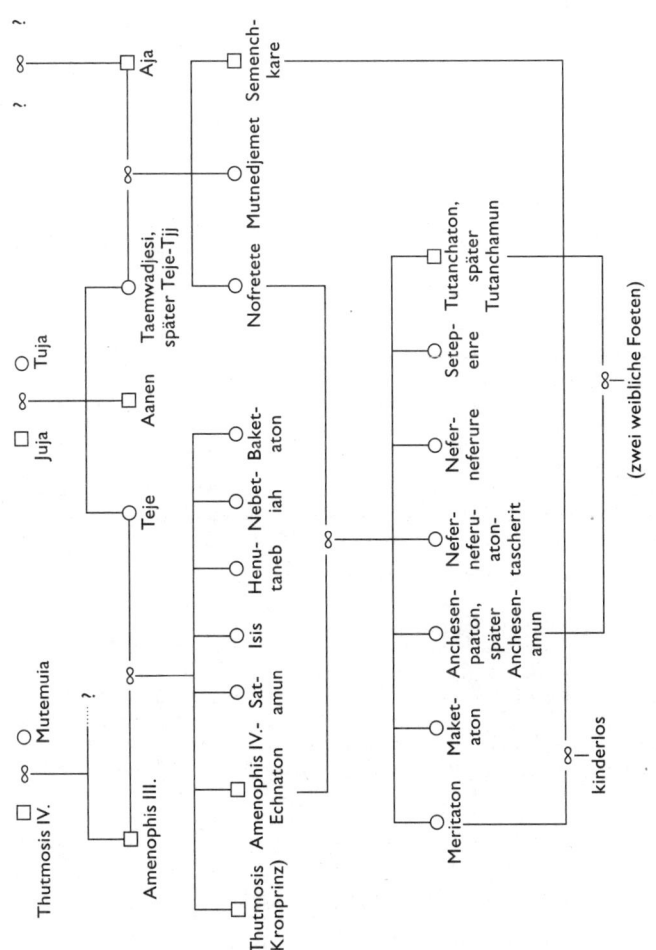

Literaturhinweise

Nachschlagewerke: Lexikon der Ägyptologie, 7 Bde., Wiesbaden 1975–1992. | Dodson, Aidan/Hilton, Dyan: The Complete Royal Families of Ancient Egypt, London 2004. | Hari, Robert: Répertoire onomastique amarnien, Genf 1976. | Martin, Geoffrey Thorndike: A Bibliography of the Amarna Period and its Aftermath, London/New York 1991. | Porter, Bertha/Moss, Rosalind L. B.: Topographical Bibliography of Ancient Egyptian Hieroglyphic Texts, Reliefs and Paintings, 7 Bde., Oxford 1927–1952. Zweite Auflage 1960 ff. | Redford, Donald B. (Hg.): The Oxford Encyclopedia of Ancient Egypt, 3 Bde., Kairo 2001. | Schneider, Thomas: Lexikon der Pharaonen, München 1996. | Ders.: Asiatische Personennamen in ägyptischen Quellen des Neuen Reiches, Freiburg/Göttingen 1992. | Ders.: Die 101 wichtigsten Fragen. Das Alte Ägypten, München 2010. | Tyldesley, Joyce: The Complete Queens of Egypt, Kairo 2006.

Zu James Simon: Matthes, Olaf: James Simon, Mäzen im Wilhelminischen Zeitalter, Berlin 2000. | Savoy, Bénédicte (Hg.) : Nofretete. Eine deutsch-französische Affäre 1912–1931, Köln 2011. | Schultz, Bernd (Hg.): James Simon, Philanthrop und Kunstmäzen, München u. a. 2006.

Chronologie: Beckerath, Jürgen von: Chronologie des pharaonischen Ägypten, Mainz 1997. | Hornung, Erik/Krauss, Rolf/Warburton, David A. (Hg.): Ancient Egyptian Chronology, Handbook of Oriental Studies. Section 1: The Near and Middle East, Leiden/Köln 2006.

Monographien zu Nofretete und Echnaton: Aldred, Cyril: Echnaton. Gott und Pharao Ägyptens, Bergisch Gladbach 1968. | Ders.: Akhenaten. King of Egypt, London 1988. | Bille-De Mot, Elénore: Die Revolution des Pharao Echnaton, München 1965. | Bergerot, Thierry-Louis (Hg.): Akhénaton et l'époque amarnienne, Paris 2005. | Brunner-Traut, Emma: Art. «Nofretete», in: Lexikon der Ägyptologie IV, Sp. 519–521. | Eaton-Krauss, Marianne: Art. «Nefertiti», in: The Oxford Encyclopedia of Ancient Egypt, 2, 513–514. | Giles, Frederick J.: Ikhenaton, Legend and History, London 1970. | Ders.: The Amarna Age: Egypt, Warminster 2001. | Hornung, Erik: Echnaton. Die Religion des Lichtes, Zürich 1995. | Lange, Kurt: König Echnaton und die Amarnazeit. Die Geschichte eines Gottkünders, München 1951. | Monserrat, Dominic: Akhenaten. History, Fantasy and Ancient Egypt, London 2000. | Redford, Donald B.: Akhenaten, The Heretic King, Princeton 1984. | Reeves, Nicholas: Echnaton. Ägyptens falscher Prophet, Mainz 2002. | Samson, Julia: Nefertiti and Cleopatra, Queen-Monarchs of Ancient Egypt, London 1985. | Schlögl, Hermann A.: Amenophis IV. Echnaton, Reinbek ⁶2004. | Ders.: Echnaton, München 2008. | Thomas, Angela P.: Akhenaten's Egypt (Shire Egyptology 10), Buckinghamshire 1988. | Tyldesley, Joyce: Nefertiti: Egypt's Sun Queen, New York 1998. | Watterson, Barbara: Amarna, Ancient Egypt's Age of Revolution, Stroud/Charleston 1999. | Wedel, Carola: Nofretete und das Geheimnis von Amarna, Mainz 2005. | Weigall, Arthur: Echnaton, König von Ägypten und seine Zeit, Basel 1923. | Wilson, John A.: Akh-en-Aton and Ne-feret-iti, in: Journal of Near Eastern Studies 32, 1973, 235–241.

Zum Theologen Aanen: Boddens-Hosang, F. J.E.: The shabti of Anen in The Hague, in: The Journal of Egyptian Archaeology 76, London 1990, 178–179. | Davies, Norman de Garis: Notebook 5, Griffith Institute, Oxford. | Ders.: The Graphic Work of the Expedition, in: Bulletin of the Metropolitan Museum of Art 24, 1929, 35–49. | Helck, Wolfgang: Art. «Anen», in: Lexikon der Ägyptologie I, Sp. 270. | Kees, Hermann: Ein Sonnenheiligtum im Amons-tempel von Karnak, in: Orientalia 18, Rom 1949, 434–442. | Kozloff, Ariel-le P. (u. a.): Egypt's Dazzling Sun. Amenhotep III and his World, Cleveland 1992, 249–250. | Moursi, Mohamed I.: Die Hohenpriester des Sonnengottes von der Frühzeit Ägyptens bis zum Ende des Neuen Reiches, Berlin 1972, 85–86, 156–158. | Pinch Brock, Lyla: Jewels in the Gebel: A Preliminary Report on the Tomb of Anen, in: Journal of the American Research Center in Egypt 36, 1999, 71–85.

Zum Sedfest: Gohary, Jocelyn: Akhenaten's Sed-festival at Karnak, London/ New York 1992. | Hornung, Erik/Staehelin, Elisabeth: Neue Studien zum Sed-fest, Basel 2006. | Martin, Karl: Der Luxortempel und Amenophis' IV. Sedfest(e), in: Studien zur Altägyptischen Kultur 30, Hamburg 2002, 269–275.

Zu Kronen und Perücken: Samson, Julia: Amarna Crowns and Wigs, in: The Journal of Egyptian Archaeology 59, 1973, 47–59.

Zu Pferd und Wagen: Hofmann, Ulrich: Fuhrwesen und Pferdehaltung im Alten Ägypten, Bonn 1989. | Störk, Lothar, Art. «Pferd», in: Lexikon der Ägyptologie IV, Sp. 1009–1013. | Herold, Anja: Streitwagen und Zubehör, in: Falk, Martin von/Petschel, Susanne (Hg.): Pharao siegt immer. Krieg und Frieden im Alten Ägypten, Hamm 2004, 98–107. | Köpp, Heidi: Altägyptische Wagen und ihre Entwicklungsgeschichte, in: Sokar 17, Berlin 2008, 44–53.

Kunst und Geschichte: Aldred, Cyril: Akhenaten and Nefertiti, Brooklyn 1973. | Arnold, Dorothea: The Royal Women of Amarna. Images of Beauty from Ancient Egypt, New York 1996. | Bergerot, Thierry-Louis: Akhénaton et l'époque amarnienne, Paris 2005. | Borchardt, Ludwig/Ricke, Herbert: Die Wohnhäuser in Tell el-Amarna, Berlin 1980. | Chappaz, Jean-Luc/Tiraditti, Francesco/Vandenbeusch, Marie: Akhénaton et Néfertiti. Soleil et ombres des pharaons, Genf 2008. | Davies, Norman de Garis: The Rock Tombs of El-Amarna, 6 Bde., London 1903–1908. | Endruweit, Albrecht: Städtischer Wohnbau in Ägypten. Klimagerechte Lehmarchitektur in Amarna, Berlin 1988. | Farsen, Patrick: Die Amarnakunst. Statuen und Reliefs aus der Zeit der ausgehenden 18. Dynastie, München 2010. | Fazzini, Richard A.: Art from the Age of Akhenaten, Brooklyn 1973. | Freed, Rita E./Markowitz, Yvonne J./D'Auria, Sue H. (Hg.): Pharaohs of the Sun. Akhenaten – Neferti-

ti – Tutankhamen, Boston 1999. | Gabolde, Marc: D'Akhenaton à Toutánkh-
amen, Lyon 1998. | Ders: Akhenaton: Du mystère à la lumière, Paris 2005. |
Grimm, Alfred/ Schlögl, Hermann A.: Das thebanische Grab 136 und der Be-
ginn der Amarnazeit, Wiesbaden 2005. | Grimm, Alfred/Schoske, Sylvia: Das
Geheimnis des goldenen Sarges. Echnaton und das Ende der Amarnazeit,
München 2001. | Jorgensen, Mogens: Egyptian Art from the Amarna Period.
Ny Carlsberg Glyptothek, Kopenhagen 2005. | Hanke, Rainer: Amarna-Reli-
efs aus Hermopolis, Hildesheim 1978. | Kemp, Barry J.: Ancient Egypt. Ana-
tomy of a Civilization, London/New York 1989. | Ders.: Amarna Reports, 6
Bde., London 1984–1997. | Helck, Wolfgang: «Feldzug» unter Amenophis IV.
gegen Nubien, in: Studien zur Altägyptischen Kultur 8, Hamburg 1980, 117–
126. | Krauss, Rolf: Das Ende der Amarnazeit, Hildesheim ²1981. | Ders.:
Moïse le Pharaon, Paris 2000. | Loeben, Christian E.: Eine Bestattung der gro-
ßen königlichen Gemahlin Nofretete in Amarna? Eine Totenfigur der Nofretete, in: Mitteilungen des Deutschen Archäologischen Instituts, Abteilung Kairo
42, Mainz 1986, 99–108. | Martin, Geoffrey T.: The Royal Tomb at El-Amar-
na, 2 Bde., London 1974 u. 1989. | Müller, Maja: Die Kunst Amenophis' III.
und Echnatons, Basel 1988. | Ockinga, Boyo G.: A Tomb from the Reign of
Tutankhamun at Akhmim, Warminster 1997. | Peet, Thomas Eric/Woolley,
Charles Leonhard: The City of Akhenaten I, London 1923. | Pendelbury, John
D. S.: The City of Akhenaten, 3 Bde., London 1933–1951. | Petrie, Flinders
W. M.: Tell el Amarna, London 1894. | Reeves, Nicholas: The Complete Tut-
ankhamun: The King, the Tomb, the Royal Treasure, London 1990. | Reeves,
Nicholas/Wilkinson, Richard H.: Das Tal der Könige. Geheimnisvolles Toten-
reich der Pharaonen, Düsseldorf 1997. | Roeder, Günther/Hanke, Rainer:
Amarna-Reliefs aus Hermopolis, Hildesheim 1969. | Samson, Julia: Amarna.
City of Akhenaton and Nefertiti. Key Pieces from the Petrie Collection, Lon-
don ²1979. | Dies.: Nefertiti's Regality, in: The Journal of Egyptian Archaeolo-
gy 63, London 1977, 88–97. | Schaden, Otto: The God's Father Ay, Minnesota
1977. | Schlick-Nolte, Birgit/Loeben, Christian E.: Talatat-Blöcke in europä-
ischen Privatsammlungen, in: Wege öffnen (Festschrift Rolf Gundlach), Wies-
baden 1996, 270–287. | Scholz, Piotr O.: Nubien. Geheimnisvolles Goldland
der Ägypter, Stuttgart 2006. | Settgast, Jürgen (u. a.): Nofretete – Echnaton
(Ausstellungskatalog), Mainz 1976. | Tietze, Christian: Amarna. Analyse der
Wohnhäuser und soziale Struktur der Stadtbewohner, in: Zeitschrift für Ägyp-
tische Sprache und Altertumskunde 112 u. 113, 1985/86, 48–84 u. 55–78. |
Ders.: Der Große Aton-Tempel von Amarna, in: Sokar 17, Berlin 2008, 86–
94. | Ders. (Hg.): Amarna – Lebensräume – Lebensbilder – Weltbilder (Aus-
stellungskatalog), Berlin ²2010. | Ders.: Das ‹Haus des Königs› in Amarna, in:
Kölner Jahrbuch 43, Berlin 2010, 779–796. | Ders.: Der Stadtplan von Amar-
na, Weimar 2010. | Vergnieux, Robert: Recherches sur les monuments thé-
bains d'Amenhotep IV à l'aide d'outils informatiques. Méthodes et résultats,
2 Bde., Genf 1999. | Vomberg, Petra: Das Erscheinungsfenster innerhalb der
amarnazeitlichen Palastarchitektur. Herkunft – Entwicklung – Fortleben,
Wiesbaden 2004. | Weatherhead, Fran J.: Amarna Palace Paintings, London
2007. | Wenig, Stephan: Meisterwerke der Amarnakunst, Leipzig 1974. | Wie-
se, André/Brodbeck, Andreas (Hg.): Tutanchamun. Das goldene Jenseits.

Grabschätze aus dem Tal der Könige, Basel 2004. | Wildung, Dietrich: Tutanchamun, München 1980. | Ders.: Le frère d'aîné d'Ekhnaton. Réflexions sur un décès prématuré, in: Bulletin de la Société française d'égyptologie 142, Paris 1998, 10–18. | Wildung, Dietrich/Reiter, Fabian/Zorn, Olivia: Ägyptisches Museum und Papyrussammlung, Berlin, 100 Meisterwerke, Tübingen/Berlin 2010. | Willeitner, Joachim: Nubien. Antike Monumente zwischen Assuan und Khartum, München 1997. | Zivie, Alain: The tomb of the lady Maïa, wetnurse of Tutankhamun, in: The Bulletin of Egypt Exploration Society 13, London 1998, 7 f. | Zorn, Olivia: Unter Atons Strahlen. Echnaton und Nofretete, Berlin 2010.

Zur Theologie vor der Amarna-Zeit: Assmann, Jan: Re und Amun. Die Krise des polytheistischen Weltbilds im Ägypten der 18.–20. Dynastie, Freiburg (Schweiz)/Göttingen 1983. | Hornung, Erik: Geist der Pharaonenzeit, Zürich/München 1989.

Zur Aton-Religion: Allen, James P.: The Natural Philosophy of Akhenaten, in: Yale Egyptological Studies 3, New Haven 1989, 89–101. | Assmann, Jan: Akhanyti's Theology of Light and Time, in: Proceedings of The Israel Academy of Sciences and Humanities, Jerusalem 1992. | Ders.: Ma'at. Gerechtigkeit und Unsterblichkeit im Alten Ägypten, München ²2006. | Ders.: Moses der Ägypter, München/Wien 1998. | Ders.: Ägyptische Hymnen und Gebete, Zürich/München 1975. | Brandl, Helmut: Privatstelen der Amarnazeit, München 1998. | Ders.: Die Amarna Sched Schutzgottheiten und Thoeris, in: Begegnungen. Antike Kulturen im Niltal, Leipzig 2001, 91–106. | Hornung, Erik: Der Eine und die Vielen. Altägyptische Götterwelt, Darmstadt ⁷2011. | Keel, Othmar (Hg.): Monotheismus im Alten Israel und seiner Umwelt, Freiburg 1980. | Kern, Barbara: Das altägyptische Licht- und Lebensgottmotiv und sein Fortwirken in israelitisch/jüdischen und frühchristlichen Traditionen, Berlin 2006. | Maciejewski, Frank: Echnaton oder Die Erfindung des Monotheismus. Zur Korrektur eines Mythos, Berlin 2010. | Rahner, Karl: Der eine und der dreieine Gott, Freiburg 1983. | Redford, Donald B.: Egypt, Canaan and Israel in Ancient Times, Princeton ²1995. | Schäfer, Heinrich: Amarna in Religion und Kunst, Leipzig 1931. | Stevens, Anna: Private Religion in Amarna. The material evidence, Oxford 2006.

Texte: Helck, Wolfgang: Urkunden der 18. Dynastie, Berlin 1955–1961. | Ders.: Historisch-Biographische Texte der 2. Zwischenzeit und neue Texte der 18. Dynastie, Wiesbaden 1975. | Hornung, Erik: Der ägyptische Mythos von der Himmelskuh. Eine Ätiologie des Unvollkommenen, Freiburg (Schweiz)/Göttingen 1982. | Hüttner, Michaela/Satzinger, Helmut: Stelen, Inschriften und Reliefs aus der Zeit der 18. Dynastie, Mainz 1999. | Kroeber, Burkhart: Die Neuägyptizismen vor der Amarnazeit, Tübingen 1970. | Moran, William L.: The Amarna Letters, Baltimore 1992. | Murnane, William J.: Texts from the Amarna Period in Egypt, Atlanta 1995. | Mynárová, Jana: Language of Amarna – Language of Diplomacy: Perspectives on the Amarna Letters, Prag 2007. | Redford, Donald B.: The Akhenaten Temple Project II, Toronto 1988. | Sandman, Maj: Texts from the Time of Akhenaten, Brüssel 1938. | Scharff,

Alexander: Aegyptische Sonnenlieder, Berlin 1921. | Schlögl, Hermann A.: Echnaton – Tutanchamun, Daten, Fakten, Literatur, Wiesbaden ⁴1993. | Smith, Ray Winfield/Redford, Donald B.: Akhenaten Temple Project I, Warminster 1976.

Ausklang der 18. Dynastie: Hari, Robert: Horemheb et la reine Moutnedjemet ou la fin d'une dynastie, Genf 1965. | Helck, Wolfgang: Das Grab Nr. 55 im Königsgräbertal. Sein Inhalt und seine historische Bedeutung (hg. von Sylvia Schoske und Alfred Grimm), Mainz 2001. | Hornung, Erik: Das Grab des Haremhab im Tal der Könige, Bern 1971. | Martin, Geoffrey Thorndike: The Memphite Tomb of Horemheb, Commander-in-Chief of Tut'ankhamun I, London 1989. | Ockinga, Boyo G.: A Tomb from the Reign of Tutankhamun at Akhmim, Warminster 1997. | Schneider, Hans D.: The Memphite Tomb of Horemheb, Commander-in-Chief of Tut'ankhamun II, Leiden 1996. | Spalinger, Anthony J.: Art. «Mut-nedjemet», in: Lexikon der Ägyptologie IV, Sp. 252–253.

Studien zu den königlichen Mumien: Bucaille, Maurice: Mummies of the Pharaohs et la médicine, New York 1988. | David, Ann Rosalie: Egyptian Mummies and Modern Science, Cambridge 2008. | Drenkhahn, Rosemarie/Germer, Renate: Mumie + Computer, Hannover 1991. | El Mahdi, Christine: Mummies Myth and Magic in Ancient Egypt, London 1989. | Germer, Renate: Mumien – Zeugen des Pharaonenreiches, Zürich/München 1991. | Habicht, Michael E.: Nofretete und Echnaton. Das Geheimnis der Amarna-Mumien, Leipzig 2011. | Harris, James E./Weeks, Kent R.: An X-Raying the Pharaohs, London 1973. | Harris, James E./Wente, Edward F.: An X-Ray Atlas of the Royal Mummies, Chicago/London 1980. | Leca, Ange-Pierre: Les Momies, Paris 1976. | Ders.: La Médecine Égyptienne au Temps des Pharaons, Paris 1971. | Wente, Edward F./Harris, James E.: Royal Mummies of the Eighteenth Dynasty. A Biological and Egyptological Approach, in: Reeves, Nicholas C.: After Tut'ankhamun. Research and Excavation in the Royal Necropolis at Thebes, London/New York 1992, 2–20. | Hawass, Zahi (u. a.): Ancestry and Pathology in King Tutankhamun's Family, in: Journal of American Medical Association 303 (7), 2010, 638–647. | Ikram, Salima/Dodson, Aidan: Royal Mummies in the Egyptian Museum, Kairo 1997. | Smith, G. Elliot: The Royal Mummies, Catalogue Général des Antiquités Egyptiennes du Musée du Caire, Nos. CG 61051–61100, Kairo 1912. | Smith, G. Elliot/Dawson, Warren R.: Egyptian Mummies, London 1924.

Bildnachweis

Albert-Ludwigs-Universität Freiburg, Institut für Archäologische Wissenschaften, Abteilung Christliche Archäologie: *Nr. 1*

Regine Buxtorf: *Nr. 4, 5, 9, 11, 12, 17, 20, 26, 27, 30, 31, 32, 33, vordere Umschlaginnenseite:* nach einer Skizze von Bary J. Kemp, *hintere Umschlaginnenseite, Stammbaum S. 116*

Christine Mende: *Nr. 3:* Nach L. Borchardt/H. Ricke: Die Wohnhäuser in Tell el-Amarna, Wissenschaftliche Veröffentlichungen der Deutschen Orient-Gesellschaft 91, Berlin 1980, Plan 27; und C. Tietze, Amarna. Lebensräume – Lebensbilder – Weltbilder, Weimar ²2010, S. 159, Abb. 2 | *Nr. 13:* Nach S. Tawfik: Aton Studies, 3. Back again to Nefer-nefru-Aton, in: Mitteilungen des Deutschen Archäologischen Instituts Abteilung Kairo 31,1, Mainz 1975, S. 163, Abb. 1 | *Nr. 14:* Rekonstruktionsvorschlag basierend auf einem Foto aus C. Tietze: Amarna. Lebensräume – Lebensbilder – Weltbilder, Weimar ²2010, S. 278, Abb. 5. | *Nr. 15:* Nach R. Vergnieux: Recherches sur les monuments Thebains d'Amenhotep IV, Genf 1999, Bd. 1, Abb. 52, Bd. 2, Plan 2. | *Nr. 16:* Nach D. B. Redford: Akhenaten – The Heretic King, Princeton 1984, S. 77, Abb. 4.7. Die verwendeten Hieroglyphen wurden durch Zeichensätze des Department of Egyptian Art des Metropolitan Museum of Art, New York erstellt. | *Nr. 24:* Nach R. Freed/Y. J. Markowitz/S. H. D'Auria: Pharaos of the Sun. Akhenaten, Nefertiti, Tutankhamen, Boston 1999, S. 88, Abb. 59

Michael Reichelt: *Nr. 6, 8, 10, 18*

Aus: Ars Antiqua – Auktion III. Antike Kunstwerke. Aus Sammlung Prof. B. Meißner und anderem Besitz, Tafel 2: *Nr. 25*

Aus: N. de G. Davies: The Rock Tombs of El Amarna, London 1905, plate XXXII A: *Nr. 21*

Aus: Alfred Grimm/Sylvia Schoske (Hg.): Das Geheimnis des Goldenen Sarges. Echnaton und das Ende der Amarnazeit, München 2001, S. 26, Abb. 6: *Nr. 23*

Aus: Meisterwerke Ägyptischer Plastik. Die Sammlung Parthenon, Neue Folge, Berlin o. J., Tafel 26: *Nr. 28*

Aus: P. R. S. Moorey: Ancient Egypt, Ashmolean Museum, Oxford 1988, S. 20: *Nr. 22*

Aus: Bernd Schultz (Hg.): James Simon, Philanthrop und Kunstmäzen, München u. a. 2006, S. 13: *Nr. 2*

Aus: G. Elliot Smith/Warren R. Dawson: Egyptian Mummies, London 1924, Fig. 15: *Nr. 29*

Aus: Joyce Tyldesley: Nefertiti, Egypt's Sun Queen, London 1998, S. 48, 64: *Nr. 7, 19*

Personenregister